KB253258

셀프 리더십의 긍정적 힘

| 배은경 지음 |

가림출판사

셀프 코칭은 비전을 가지고 자신을 설득, 변화하여 기대하는 삶을 사는 것이다.

비전을 가지고 비전을 달성할 수 있다는 믿음을 바탕으로 매일 행동을 지속적으로 한다면 그 비전은 반드시 달성된다. 믿음을 계속 가질 수 있다는 것은 그는 행동하는 사람이라는 것이다. 신념뿐만 아니라 내가 행동하는 사람이 되면 두려움을 극복할 수 있고 확고한 마음이 생겨 열정도 생긴다. 열정은 생각하는 것이 아니고 행동하게 하는 것으로 가슴에서 우러나온다.

인간은 감정적 동물이다. 가슴이 열려 긍정적으로 내가 원하는 것을 이미지로 만들어 그것을 보며 실천하는 삶, 그리고 하는 일에 몰입하는 삶을 사는 태도가 중요하다.

그리고 하루하루를 감탄사를 연발하며 감사하며 살아가자.

주변에 나와 관계가 있는 가족, 직장동료, 친구 등 주변인도 매우 중요하다. 지지해주고 격려해주는 사람이 주변에 많은지, 아니면 비난하고 불평하고 비판하는 사람이 많은지가 자신의 삶에 영향을 주게 된다. 책을 통해 또는 주변에 누군가를 통해 삶에 큰 변화를 일으키며 우리는 동기부여를 받게 되기 때문이다.

생각만 하지 않고 생각하는 것을 행동으로 실천하고, 매일 노력하는 사람만이 성공할 수 있다. 행동하지 않는다면 결과도 없다. 믿음을 가지고 행동하면 자신의 꿈의 이미지(心像, image)를 그릴 수 있다. 꿈을 향해 달려가는 자신의 이미지를 선명하게 그릴 수 있어야 한다. 아침에 눈을 뜨며 기쁨 가득한 마음으로 오늘도 행복한 하루가 시작되었음을 감사하며 꿈을 실현한 자신의 이미지를 그려 본다. 그리고 그 이미지가 되기 위해 행동하고 잠자리에 들면서 그 이미지를 다시 그려본다.

예를 들어 나의 꿈은 이루어진다는 믿음을 가지고 열심히 자기 계발을 하며 매사에 적극적이고 능동적으로 생활한다면 비전을 달성한 자신의 이미지를 쉽게 그릴 수 있다.

우리는 자신이 생각하는 삶을 살게 되며 자신이 만든 세계에서 산다.

필자의 수첩과 지갑에는 항상 컬러 복사된 100억 원 자기앞수표를 가지고 다닌다. 해리포터를 쓴 조앤 롤링처럼 베스트셀러 작가가 되어 인세로 받고 싶어서이다.

거실탁자에 뉴욕 타임즈 107주간 베스트셀러 1위, 아마존 베스트셀러 1위에 배은경 이름과 필자의 사진을 붙인 책표지가 놓여 있다. 실제 어떤 베스트셀러 작가 책에서 그대로 오려서 대신 나의 이름을 붙이고 사진도 붙여 놓았다. 그리고 상상만 하는 것이 아니라 늘 좋은 글을 쓰기 위해 고민하고 노력한다. 물론 집에서 나의 비전보드를 만들어 붙여 놓고 탁자에 이렇게 하는 것은 집에 오는 사람의 주목만 받으면 되지만 이렇게 공표를 하는 것은 두려움도 있다. 책의 내용에서도 나와 있지만 목표를 설정하지 않는 이유로 두려움도 크게 작용한다.

긍정적 착각이 일시적이고 장기적인 효과로는 분명치 않다는 학자의 주장도 있다.

그러나 잘못 표현되면 나르시즘으로 보여 현실적인 근거 없이 즉 과장된 자존감으로, 자기도취로, 현재 자신보다 과장되게 생각하는 것으로 보일 수도 있지만 분명히 다르다. 나는 긍정적 착각을 하고 싶다. 우리는 분명 높은 자존감과 나르시즘과는 다르다는 것을 잘 알고 있다.

비전만 세워놓고 믿음만 갖고 행동하지 않는다면 그 사람은 꿈만 꾸는 몽상가일 뿐이다.

내 행동이 내 태도를 결정한다. 우리는 사람이나 사물, 사상에 대하여 긍정적, 부정적으로 평가를 하고 그것이 태도로 나타난다.

헉슬리는 "인생의 위대한 목표는 지식이 아니라 행동이다."라고 말했다.

열정은 위대한 꿈을 꾸는 사람을 돕는다. 내가 성공한 모습을 선택하면 내가 선택한 성공의 모습대로 변화된다. 내가 선택한 태도가 내 인생을 만들어 간다.

책을 읽으며 '이성적으로 참 좋은 내용이고 실천하면 좋을텐데' 라고 생각만 한다면 내 삶의 결과는 달라지지 않는다. 이 책을 통해 나의 꿈을 달성할 수 있다는 확신과 자신감을 갖고 싶고, 이 책을 읽고 있는 여러분들도 확신과 자신감을 갖고 행동할 수 있기를 바란다. 이러한 필자의 생각대로 각자 자기 분야에서 바로 행동으로 옮겨 결과를 만들어 주는 사랑하는 남편과 재성, 재혁, 가족들이 나의 믿음에 확신을 준다. 이 책을 읽고 있는 여러분이 여행을 떠난다는 기분으로 편안하고 유익하며 즐거운 시간이 되기를 바란다. 여러분의 개인적인 코치가 되어 스스로 답을 찾고 그것을 행동으로 옮길 수 있도록 인생의 조력자가 되어 주고 싶다.

2010년 12월

배은경

차례

1

통하고 즐기는
셀프 리더십 코칭

내가 원하는 결과를
내가 스스로 만들 수 있다

셀프 리더십이란 자신이 자신의 태도와 행동에 영향력을 발휘함으로써 스스로 방향을 설정하고 동기를 부여하여 주도적으로 실천하는 것이다. 자신의 분명한 비전과 사명을 확인하고 삶을 계획하며 비전을 성취하기 위해서 스스로 답을 찾아내는 것이다. 또 예상되는 장애물이나 걸림돌을 제거하며 자신을 컨트롤 할 수 있는 능력으로 행동을 통제한다.

생각을 바꾸면 행복한 성공을 위한 아름다운 불씨를 만들 수 있다. 우리는 원하는 것을 성취하기 위해 필요한 자원인 무한한 잠재력과 탁월함을 가지고 있다. 장애나 걸림돌 등 문제가 생겼을 때 자신이 문제를 해결할 수 있는 능력도 가지고 있다. 이렇게 자신이 가진 무한한 잠재력과 강점을 발견하여 꿈을 구체화할 수 있어야 한다.

가슴 뛰는 비전으로 흥분되고 달성되었을 때의 기쁨과 성취감을 경험해 본 적이 있을 것이다. 뚜렷한 비전과 목표가 있다면 자신이 바라는 삶을 스스로 만들어 나갈 수 있다. 1년 후, 5년 후, 10년 후, 20년 후 자신이 원하는 모습이 분명하게 그려져 있고 자신의 비전으로 가슴이 뛴다면 이제 비전을 달성할 수 있는 핵심능력을 키워야 한다.

비전은 폭풍우 속에서도 빛을 밝혀주는 등대이며 기한이 정해진 자신의 미래모습이다. 북극성처럼 나아갈 방향을 밝혀줄 뿐만 아니라 자신에게 동기부여도 해준다.

비전은 우리 인생의 좌표일 뿐만 아니라 우리가 나아가야 할 방향을 알려주는 나침반으로써 자신이 누구인가 결정을 내릴 수 있는 지침을 준다. 기회는 비전을 가진 자에게 오고 비전은 성장의 원동력이 된다.

내 인생에서 가장 중요한 것, 하고 싶은 것, 잘할 수 있는 것, 의미 있는 것들을 구체적으로 생각해보고 작성해 보라. 자신이 가장 하고 싶고, 가장 잘할 수 있고, 사회적으로 가치 있는 일에 매진하고 있다면 그 사람은 행복한 사람임에 분명하다.

일체유심조(一切唯心造) — 세상사 모든 일은 마음먹기에 달렸다.

셀프 코칭은 자신을 통제하며 자신에게 용기를 주고 자신이 소망하는 인생의 승리자가 되기 위한 가르침으로 인생항로에서 나침반과 등대 그리고 북극성 역할을 하게 된다. 원하는 삶으로 바꾸는 행동을 하기 위해 자신이 내 안의 멘토가 되어 의식과 감정을 코치하여야 한다. 내가 진정으로 가고 싶은 길이 어디인지 스스로 찾아내고, 가고 싶은 길을 방해하며 두렵게 하는 마음의 소리도 들어 본다.

셀프 코칭을 하는 사람은 인생을 주도적으로 살아가는 사람으로 스스로 동기를 부여하고 자신의 행동에 책임을 지면서 답을 찾기 위해 노력하는 사람이다. 스스로가 리더가 되어 자신의 태도와 행동에 영향력을 발휘하여 목표로 하는 자신의 모습이 될 수 있도록 이끄는 것이다. 능력은 원하는 일을 할 수 있는 힘이다.

자신의 인생을 풍요롭고 삶의 질을 개선하는데 필요한 능력과 행동하는 방법에 대해 스스로 코치하는 방법과 해답을 찾아가자.

셀프 코칭의 첫 번째 단계는 진정으로 내가 하고자 하는 것, 원하는 것이 무엇인지 아는 것이다. 그리고 원하는 것을 알고 원하는 것을 누리며 살기를 원한다면 목표를 달성하기 위해 오늘부터 지속적으로 꾸준히 노력해야 한다.

꿈의 목록을 작성하고 막연한 목표가 아닌 구체적인 목표를 세우고 보다 명료한 미래상을 가지고 자신의 강점을 구체적으로 적어본다. 개인적인 성장과 성공을 하기 위해서는 강점을 알고 활용해야 한다. 강점은 자신의 존재를 확인시켜 주므로 강점을 강화시키고 집중하면 삶에 더 많은 성취를 이루게 된다.

무엇인가를 할 때 가슴이 뛰고 설레며 기쁨이 느껴지고 다시 하고 싶은지, 자신이 진정 원하는 것을 알고 반드시 내가 원하는 것 즉 무엇을 갖고 싶은지, 어떤 삶을 살고 싶은지, 어떤 사람으로 살고 싶은지 등 구체적인 결심을 하게 되면 취하는 행동이 달라지고 지속적으로 작은 차이들이 모여져서 큰 결과를 낳게 된다. 꿈은 미래에 대한 기대감이다. 많은 사람들이 자신의 꿈이 무엇인지 진정으로 원하는 것이 무엇인지도 모르고 살아가고 있다. 혹은 꿈은 알지만 변화가 두려워 꿈꾸기를 포기하고 있는지도 모른다.

꿈은 우리 미래의 삶의 질을 결정한다. 진정으로 원하는 자신의 욕구를 발견하고 자신의 능력을 개발한다면 자신이 그토록 꿈꾸어온 행복하고 보람된 인생을 살 수도 있지만 반대로 시간의 흐름 속에 쫓겨 하루하루를 살아갈 수밖에 없게 된다.

성공과 행복이라는 항해를 떠나는 자신의 삶에 대해 전반적인 진단을 하게 되면 꿈을 성취하는데 방해하는 장애물도 제거하면서 삶에 적절한 조화를 얻을 수 있도록 돕는 것에 집중하게 된다.

최고의 나를 만나자

자신이 생각하고 있는 성공과 행복에 대한 비전 즉 기한이 정해진 자신의 미래 모습에 대하여 적어보는 시간을 가져보자. 성공하는 삶은 어제보다 더 나은 성장을 하는 삶이다.

성장을 위해 어떻게 행동해야 할까? 보다 명료한 미래상을 갖고 살아가기 위해 자신의 핵심가치와 핵심강점을 정리하고 사명서를 작성하며 삶의 비전을 설정한다. 비전은 주도적 삶, 계획된 삶을 살게 하기 때문에 무엇보다 자신에게 삶의 의미를 부여하는 것이 중요하다.

자신의 핵심강점과 핵심가치를 발견하여 비전보드를 만든다. 삶의 균형을 이룰 수 있도록 살아가는 동안 원하는 삶으로 살기 위해서는 흔들리지 않는 가치 기준을 정해야 한다.

가치관은 삶에 대한 근본적인 태도다. 가치는 무엇이 근본적으로 중요하고 올바른 것인가를 규정하는 지속적인 신념 혹은 원칙이다. 가치란 것은 용기, 존경 그리고 책임감과 배려, 진실성과 공평성 등과 같은 본질적인 특성을 지니고 있다.

가치는 목적을 추구해가는 과정에서 어떻게 행동할지를 알려준다. 가치야말로 모든 행동과 의사결정의 기본이 되는 지침이다. 가치는 신념을 나타내고 모든 행동의 기반이 되며 삶을 살아가는 지표가 된다. 자신의 가치목록은 신념을 명확하게 한다. 가치와 신념은 능력과 행동을 금지하거나 지지하는 동기를 부여하고 강화하게 한다.

나를 존재하게 하는 핵심가치는 무엇인가?

유연성, 감사, 배려, 겸손, 근면, 끈기, 명예, 봉사, 사랑, 소신, 신뢰, 열정, 신용, 용기, 예의, 용서, 인내, 인정, 자율, 정돈, 정직, 존중, 중용, 창의성, 진실, 책임감, 친절, 탁월함, 헌신, 협동, 화합, 확신, 이해, 초연, 기지, 평온함, 기여, 인정 등.

만약에 핵심가치가 없다면 자신의 핵심가치를 3개 정도만 찾아서 적어보자.

'자신이 핵심가치로 생각하는 긍정적 이유는 무엇이고 그 핵심가치로 행동할 때 어떤 결과가 오는가? 핵심가치를 실현하는데 제약은 있는가? 제약이 있다면 대안은 무엇인가?' 구체적으로 생각하고 적어보는 것이다.

자신의 가치, 강점을 활용할 수 있는 목표를 설정하고 실행하면 편안하고 행복해진다. 필자의 방에는 비전보드가 있는데 '배은경의 비전' 이라고 써놓았다. 우리 가족의 사명, 개인의 사명, 내가 원하는 것, 무엇을 갖고 싶은지, 어떤 삶을 살고 싶은지 글로 써서 붙이고 사진, 그림을 오려서 붙여놓았는데 비전보드를 볼 때마다 내가 꿈꾸는 삶을 확인하고 행동하게 된다.

고 김수환 추기경님은 "사람들은 서울역이 어디냐고 물으면 많은 사람이 대답해준다. 하지만, '당신은 왜 사느냐' 라고 물으면 사람들은 주저하면서 '바쁜데 생각할 여유가 없다' 라고 한다."고 하셨다.

'나는 지금 어디로 가고 있는가? 내가 진정 하고 싶은 일은 무엇인가? 진정 가고 싶은 곳을 분명히 아는가? 내가 분명히 원하는 욕구, 갈망, 소망을 알고 있는가?' 라는 물음에 처음에는 고개를 끄덕이지만, 목록을 구체적으로 작성하게 하면 주저하는 것이 일반적이다. 바쁜 일상 속에서 막연하게 생각은 해 보지만 구체적으로 생각하거나 직접 목록을 적어보지는 못했을 것이다. 내가 진정으로 원하고 갈망하는 최고의 나를 마음속에서 만나보고 느껴서 생생하게 상상하고 나면 자신도 모르게 결연해지는 모습을 볼 수 있다.

로마황제이며 철학자인 마커스 아우렐리우스는 "인간의 삶은 그의 생각이 만든 것"이라고 했다. 성공하기 위해 가장 먼저 해야 하는 것은 목적지를 정하는 것으로 내가 이루고 싶은 것이 무엇인지 큰 그림을 그리는 비전 설정을 하는 것이다. 비전이 없다는 것은 목적항도 모른 채 대양 속에서 헤매는 것과 다를 것이 없고, 결과는 좌초하거나 표류할 것이다.

자신이 바라는 미래를 생생하고 선명하게 큰 그림을 그리는 것이다. 내가 그린 그림을 오늘 바로 실행에 옮긴다면 분명 어제와 다른 내일이 될 것이다. 어제보다 성장하는 삶이니 우리는 매일 성공하는 삶을 사는 것이 된다.

행복으로 충만한 삶을 위해서 우리가 원하는 것을 현실로 만드는데 필요한 자원은 모두 내 안에 있고 우리 자신이 인정하고 그 잠재된 능력을 끄집어내어 포기하기 않고 장애물을 제거하며 활용하는 방법을 알아야 한다. 그리고 성찰의 시간을 통하여 긍정적인 태도를 갖기 위해 노력해야 한다. 성찰의 사전적 의미는 자기의 마음을 반성하고 살피는 것으로 객관적으로 자신을 바라보는 노력을 하기 때문에 지속적으로 성장할 수 있는 기회가 주어지고 원하는 목표를 달성할 수 있게 되는 것이다.

솔로몬왕은 "자신이 생각한 것이 바로 자신이다."라고 했다. 생각의 씨앗이 성공한다고 생각하면 마음의 놀라운 힘은 우리를 성공한 삶으로 만들어 준다. 자신이 생각한 대로 인생을 연출할 수 있다. 자신이 생각한 것이 자신의 삶이기 때문이다. 진정으로 바라는 것을 마음에 깊이 새기면 그것은 현실이 된다.

이렇게 말을 하면 사람들은 반론을 제기한다. 인생이 생각한 대로 된다면 성공한다고 생각하지 않는 사람이 어디에 있느냐고, 성공한다고 생각하라고 해서 생각을 해보았는데 결국 그것은 이론에 지나지 않는다는 말을 한다.

자신을 신뢰하며 자신의 목표를 행동에 옮기면 누구든지 성공할 수 있지만, 끝까지 실행에 옮기는 사람은 별로 없다. 계획을 포기하지 않고 목표를 달성할 때까지 한다면 결과는 성공이다.

우리의 삶이란 자신이 만들어내는 그림이다. 오늘은 준비된 어제의 결과이기 때문에 우리가 지금 원하는 삶을 살고 있지 않다면 준비가 되지 않아서이다. 오늘을 사는 우리는 내일을 준비해야 한다. 내가 진정으로 원하는 삶, 꿈꾸어온 삶을 계획해야 한다.

변화 심리학의 세계적인 권위자인 앤서니 라빈스(Anthony Robbins)가 언급한 '나이아가라 증후군(The Niagara Syndrome)'의 내용을 보면 많은 사람들이 어디로 가겠다는 구체적인 결정을 하지도 않은 채 인생이라는 강에 뛰어 들고 있으며, 현재의 사건, 도전 그리고 두려움에 사로잡혀 있어서 강의 분기점이 나타나도 어느 방향으로 가야 할지를 의식적으로 결정하지 못한다고 주장하고 있다.

무의식적인 상태로 살다가 어느 날 물살이 빨라지고 요동치는 소리에 놀라 깨어나게 된다. 그때 바로 몇 미터 앞에 폭포가 있음을 발견하지만 배를 물가로 저어갈 노조차 갖고 있지 않다. 그러다가 점점 물의 속도가 빨라지고 바로 앞에 나이아가라 폭포가 있음을 발견하지만, 그때는 이미 타고 있는 배는 그냥 벼랑으로 떨어지게 된다는 것이다. 그제야 한탄하고 후회하지만 때는 이미 늦었다. 그들은 물과 함께 폭포의 낭떠러지로 추락한다. 목표나 비전이 명확하여 상류에 있을 때 더 나은 결단을 내렸다면 그 문제를 예방할 수 있었을 것이다.

우리는 자신을 스스로 경영하는 CEO이며 셀프 리더로서 자신의 꿈을 찾아가는 인생의 항해 전략을 세우기 위한 삶의 균형에 대해 생각해보자.

삶을 굴러가는 수레바퀴라고 생각한다면 8가지 덕목은 삶의 균형을 보기 위해서고 각 덕목에 대한 점수를 통해 균형적인 삶을 실천하기 위해 노력해야 할 부분이라고 생각해보자.

진정으로 몸과 마음이 만족스럽고 평화로운 상태가 되려면 자신의 삶을 정비해볼 필요가 있다.

0점에서 10점까지 사이를 점으로 찍고, 선으로 연결하며 직관적으로 자신을 평가해본다.

이어진 동그라미가 크고, 작은 것은 욕구의 차이다. 중요한 것은 어느 한쪽이 찌그러져서는 안 된다는 것이다. 균형적인 삶은 동그라미가 동그랗게 나와야 한다. 찌그러진 부분은 자신이 만족하지 못한 부분이다. 진단을 통해 만족하지 못한 분야를 알게 됨으로써 목표와 우선순위를 정할 수 있다.

예를 들어 나는 내가 살아가야 하는 '사명선언서'를 글로 적어놓고 이를 달성하기 위해 행동한다. 나는 생생하고 선명한 '꿈'을 가지고 있으며 그 꿈을 이루기 위해 갖고 싶은 것(Have), 하고 싶은 것(Do), 되고 싶은 것(Be)에 대한 꿈의 목록(Dream List)이 있으면 10점이다. 잘하고 있으면 10점, 그렇지 못하면 3점, 중간 정도면 7점 정도의 점수를 준다.

이것을 토대로 자신의 삶을 진단해보고 부족한 부분을 채우기 위해 목표의 우선순위를 적어보고 목표를 다시 세워 균형적인 삶을 만들도록 하자.

삶의 균형 진단

1. 비전, 사명 (   )점
8. 자기 계발(지식) (   )점
2. 가족 (   )점
100
90
80
70
60
50
40
30
7. 정신, 행복감 (   )점
100 90 80 70 60 50 40 30
30 40 50 60 70 80 90 100
3. 건강 (   )점
30
40
30
50
60
70
80
90
6. 소통, 경청 (   )점
4. 재정, 직업 (   )점
(   )점 5. 열정, 실행

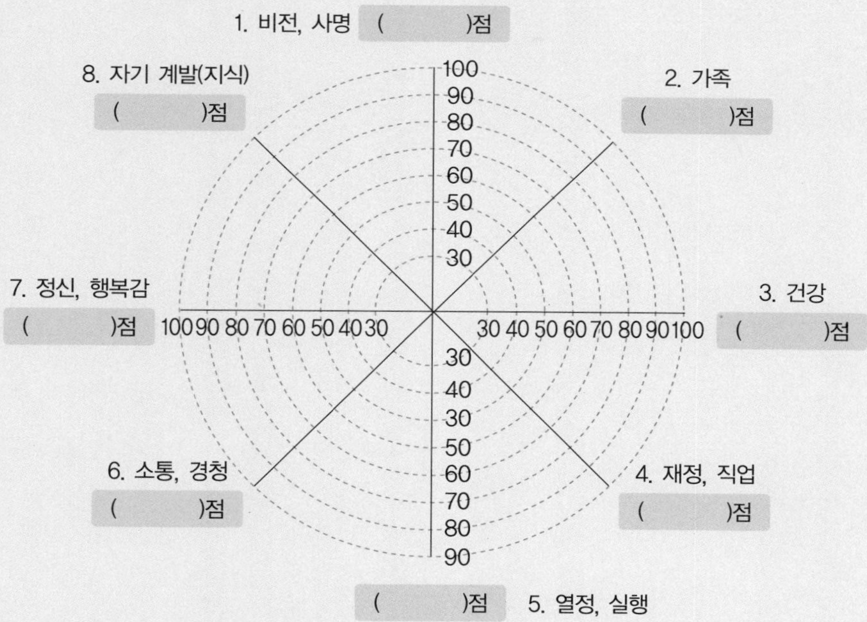

삶의 균형 진단(예)

1. 비전, 사명 (   )점
2. 가족 (   )점
8. 자기 계발(지식) (   )점
100
90
80
70
60
50
40
30
7. 정신, 행복감 (   )점
100 90 80 70 60 50 40 30
30 40 50 60 70 80 90 100
3. 건강 (   )점
30
40
50
60
70
80
90
100
6. 소통, 경청 (   )점
4. 재정, 직업 (   )점
(   )점 5. 열정, 실행

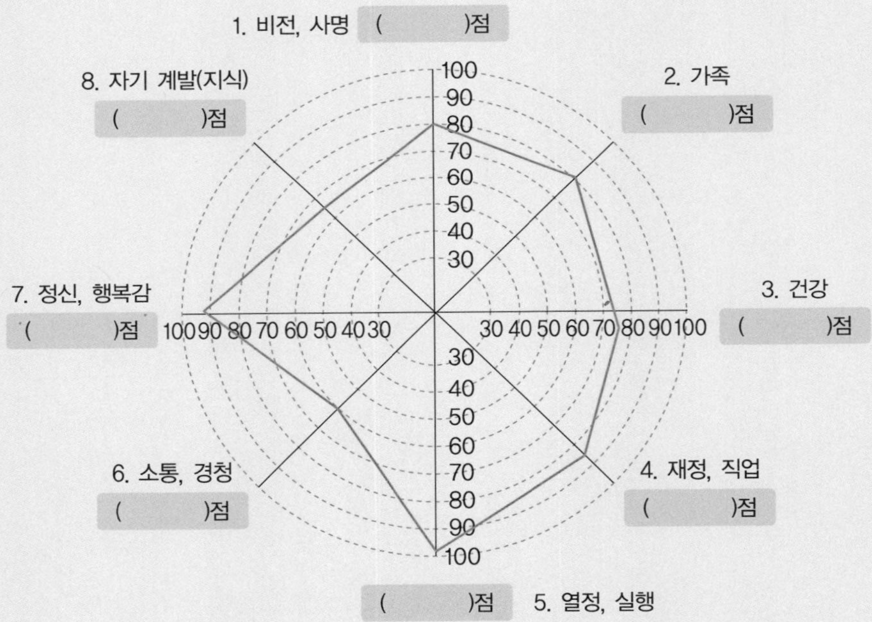

내가 소망하는 삶을 살 수 있다

마음의 운영체계라고 하는 메타 프로그램을 학습함으로써 내면에서 일어나는 우리의 사고 과정을 파악할 수 있다. 정신적 사고 과정을 보면 본질(사건)을 오감(시각, 청각, 신체감각, 후각, 미각)으로 인식하며 인식된 정보를 메타 프로그램에 의해 지각하고 인식한다. 메타 프로그램은 개인의 가치, 학습, 정서, 신념, 기억, 경험, 자신의 욕구에 의해 주관적 경험의 구조화며, 무의식적으로 사용하는 내적필터(프로그램)의 하나이다. 오감을 통해 얻은 정보에 필터처리하는 것으로 인생에서 일어나는 사건의 내적표현을 만들어낸다. 선택적으로 상황을 기억하고 해석하며 자신들의 정서와 사고에 의해 경험을 재구성한다. 개인의 지각 과정에 따라 본질은 삭제되거나 왜곡되거나 일반화되어 자신의 마음 메타 프로그램에 의해 세상을 지각하고 인식한다.

사고는 부분적으로 통제하는 부분과 부분적으로 자동화되는 부분이 있는데 자동화되는 부분은 이미 도식화되어 있기 때문이다.

도식이란 일상생활에서 우리가 접하는 사물, 사람, 사건들에 관한 조직화한 지식체계이다. 도식 즉 인지의 틀이 경험과 지각을 자동적으로 해석하는데 자신의 도식에 맞춰 세상을 보면 실수를 저지를 수 있다. 예를 들어 지역이나 직업, 성별 또는 사회에서 맡고 있는 역할로 판단하기도 하는데 우리는 자신의 믿음의 정확성을 과잉 판단하려는 경향이 있다.

우리는 인지활동을 적극적으로 하는 것을 싫어한다. 내가 알고 있는 정보에 따라서 행동하기를 원한다. 그래서 내 생각과 일치하려는 것을 찾으려고 한다.

본질과 인식된 정보가 동일한 것은 아니며 인식된 정보가 진실은 아니다.

본질은 하나이지만 자신이 흥미를 느끼거나 관심있는 정보에 대해서만 선택하거나 자신의 정서, 무의식에 의해 정보를 다르게 인식하고 주요 인식수단인 시각, 청각, 촉각에 따라 다르게 구조화되기 때문에 표현은 개인마다 다르다. 사람들은 저마다 사건을 다르게 지각하고 인식한다.

자신이 과잉으로 확신을 한다면 교정법으로 의도적으로 내가 확신하고 있는 정보와 일치하지 않은 정보를 고려해본다.

우리들의 사고와 행동방식을 변화시키고 더 나아가 삶의 태도나 존재방식을 바꾸어 나가기 위해서는 각자의 메타 프로그램을 알고, 이를 바꾸어 나가는 노력이 필요하다.

긍정 심리학자인 마틴 셀리그만은 '행복한 사람은 왜 행복한가?'에 대해 연구해보니 그 사람들은 어떻게 하면 행복하게 살 수 있는지를 생각한다는 것이다.

우리가 살아가면서 느끼는 감정 상태는 무의식적으로 만들어지며 우리가 사물을 보거나 듣거나 느끼게 되는 순간 우리의 감정이 만들어진다.

내가 원하지 않는 감정 상태라면 이러한 감정 상태를 바꾸기 위한 사고(생각)의 초점을 바꾸는 것이다. 우리의 감정은 자신의 의지에 따라 심리적인 편안함을 만들 수 있는데 웃는 얼굴표정이나 명상, 복식호흡으로 등으로 신체 상태를 바꾸게 되면 원하는 감정 상태가 될 수 있다. 과거에 기분 나빴던 생각이 떠오르면 부정적인 감정 상태로 되지만 즐거웠던 기억은 긍정적인 감정 상태가 된다. 우리가 생각을 어떻게 하고 집중하느냐에 따라 자신에게 주는 의미는 달라지고 감정 상태도 달라진다.

지그지글러(Zig Ziglar)는 "당신의 마음속에 무엇이 들어 있는가가 현재의 당신을 만든다."라고 했다. 우리는 익숙하고 편안하다고 느끼는, 늘 해왔던 일을 하는 것을 선호한다. 셀프 리더십 코칭을 하며 최근 만나는 기업의 경영자나 관리자, 자영업을 하시는 분들이 공통으로 이야기하는 부분이 있다. 세상이 너무나 빠르게 변한다는 것이다. 그렇게 세상은 빠르게 변하고 있는데 앞으로 어떤 변화가 오고 나에게는 어떤 영향이 있는지, 그래서 대응방안은 있느냐고 질문을 해보면 서로의 얼굴을 바라볼 뿐이다.

어제와 같은 생각으로 행동해서는 안 되는 것을 알면서도 변화라는 현실 속에서 스트레스를 받기 때문에 변화를 두려워한다. 변화는 몸으로 움직이면서 느끼는 것이고 진정한 변화는 행동하는 것이다. 변화를 수용하는 유연성이 필요하고 변화를 결심하고 행동하면 또 다른 기회가 우리에게 온다. 변화하기 위해 두려움과 공포를 이겨 내는 힘이 되는 믿음과 확신은 내가 꿈꾸는 삶으로 바꾸는데 힘이 될 것이다.

기회는 도전하기에 존재하는 것이지만 변화하지 않고 어제와 오늘이 똑같은 익숙한 타성에 젖어 있는 삶을 살게 된다면 자신에게 희망과 기회는 사라질 수도 있다.

내가 편안하고 안전하다고 믿고 있는 현재에 미래에 대한 준비를 게을리 한다면 고통으로 다가올 수도 있는 것이다. 우리는 자신이 원하는 삶의 모습으로 바꿀 수 있는 잠재력, 자원을 가지고 있다. 작은 습관 예를 들면 긍정적인 단어를 사용하고 감정패턴을 조절하는 것부터가 내가 원하는 삶을 살기 위한 시작이다. 그렇게 되면 세상을 바라보는 관점이 달라지고 세상에 대한 관심과 의미가 달라지며 행동도 바뀌게 된다. 우리가 결심하게 되면 우리는 모든 것을 바꿀 수 있다. 지금 그동안 계획은 했었지만 미루어 왔던 것을 적어보자.

외국어를 배우려는 결심, 다이어트 하기, 일찍 일어나기, 행복하다는 생각하기, 감사하기, 상대방을 칭찬하기 등의 좋은 습관으로 바꾸는 결심은 자신만이 할 수 있다. 체중감량을 생각하면서도 초콜릿, 아이스크림, 케이크를 먹을 때 순간적인 즐거움을 느끼게 될 것이다. 그렇게 기분 좋은 순간의 즐거움들을 계속한다면 6개월 후나 1년 후의 모습이 어떠한지 상상해보자. 순간순간의 즐거움은 고통스러운 미래로 나타날 것이다.

내가 운동하고 식단을 조절하였을 때의 모습, 활력이 넘치고 자신감이 넘치는 모습 그리고 자신의 의지를 대단하게 생각하는 모습을 상상해보자.

자신이 처한 상황에 대한 믿음은 상황에 대한 인식을 다르게 해석하게 한다.

'이것은 고통인가? 즐거움인가? 고통을 피하기 위해 즐거움을 얻기 위해 무엇을 해야 하는가?' 지금 해야만 하는 일을 고통과 즐거움으로 적어보고 어느 쪽으로 행동하는 것이 삶에 영향을 줄 수 있는지 생각하면 앞으로 행동을 하는데 도움이 된다.

새로운 도전을 하는 것, 변화한다는 것은 고통과 즐거움을 동시에 가져다주기도 한다. 스트레스도 받지만 현재 생활에 안주하면서 편안함을 선택한다는 것은 성공의 씨앗을 키우지 않겠다고 포기하는 것이다. 목표를 세우고 달성하기 위해서는 자신의 한계를 극복하면서 때로는 편안함도 버리고 달려야 한다. 편안함은 나태와 게으름을 동반하기 때문에 결코 성공과 맞바꿀 수 없다. 변화하기 위해서는 동기부여가 필요하고 꼭 변해야겠다는 절박함이

있다면 의지가 생기고 행동을 한다. 변화하는 것이 즐겁다고 생각
하면 동기부여를 받을 것이다. 꿈은 미래를 창조하는 재료이고,
미래를 향해 나아가게 하는 원동력이 되기 때문이다.

내가 원하는 삶을 살자

파울로 코엘료는 『연금술사』에서 "자네가 무언가를 간절히 원할 때 우주는 자네의 소망이 실현되도록 도와준다네."라고 했다. 습관적으로 사용하는 말을 바꾸는 것만으로도 삶을 변화시켜 자신이 원하는 삶으로 살 수 있다.

긍정적인 말한마디로 많은 에너지를 얻게 되고 최선을 다 할 수 있도록 용기를 주며 웃을 수 있게 해준다. 슬플 때 위로해주며 가슴따뜻하게 하고, 힘든 일을 극복할 수 있게 용기와 희망을 주며 자신감을 준다.

용기를 북돋아 주는 말, 고마움을 표현하는 말, 인정해주는 말, 사랑을 전하는 말 등은 자신도 행복해지면서 상대방과의 관계도 풍성하게 해준다.

인간 관계론의 저자 데일 카네기는 "비판은 칭찬과 감사의 말로 시작한다."라고 했으며, 긍정적인 말의 힘의 저자 할어반은 "친절한 말은 우리가 세상에 절망할 때 힘을 준다."고 말했다. 표현을 달리해서 '흥분을 잘하는'은 '열정적인 사람'으로, '말이 너무 많은'은 '말 잘하는'으로, '비현실적인 사람'은 '낙천적인'으로, '비판적인'은 '분석적인'으로, '예민한'은 '세밀한'으로, '울적한'은 '최상은 아닌'으로, 관점을 다르게 본다면 세상은 감사하고 행복한 일로 가득할 것이다. 말은 그 사람의 가치와 신념을 형성하고 감정을 좌우하게 한다.

가치와 신념에 따라 우리는 매일 행동하게 되고 그 결과가 오늘을 살아가는 삶의 모습이 된다.

우리는 기대하는 방향으로 에너지를 집중해야 한다.

자전거를 처음 탔을 때를 생각해 보면, 처음엔 어색하고 힘들었지만 익숙해지면 재미있고 자신 있게 달렸던 기억을 할 것이다. 말도 처음에는 어색하지만 의도적으로 긍정적인 말로 하게 되면 익숙해지고 변한 자신의 모습을 발견하게 된다.

성공과 행복은?

강의 중에 자신들이 생각하고 있는 성공과 행복에 대하여 이야기를 나누다 보면 의외의 대답이 나와 놀라기도 한다. 한번도 행복한 적이 없었다고 이야기하는 사람, 그냥 열심히 살다보니 구체적으로 생각해 본 적이 없다는 사람, 성공해서 행복한 삶을 살기 위해 간단명료하면서 구체적으로 작성해서 실천하는 사람 등 여러 부류로 나누어진다. 우리는 우리가 믿고자 하는 것을 선택한다. 한번도 행복한 적이 없었다고 생각하는 사람은 정말 행복한 적이 없었던 것일까?

그런데 한 가지 공통점은 우리 모두는 성공하고 싶고 행복한 삶을 살기를 원한다는 것이다.

행복은 지금 내 옆에 있고 미래에 도달해야 할 목표지점이 아닌 현재 순간 속에 존재하는 과정이다. 지금 내가 가지고 있는 것에 감사하고 꿈을 성취해가는 과정이 바로 행복이 아닐까 생각한다. 행복은 내면의 활력을 일깨워주고 마음을 가볍고 활기차게 하며 일과 삶을 즐거움으로 만들어 준다. 행복은 마음을 편안하게 하며 하루하루를 기대와 설렘을 갖게 한다.

진정한 성공과 행복은 무엇이고 진정한 성공이란 과연 어떻게 표현해야 할까? 사전적인 표현은 '목적이나 뜻을 이룸' 이라고 되어 있으며, 개개인의 의미 있는 목표를 점진적으로 실현하는 것이다.

성공이란 자신이 하고 싶어 하는 일을 하면서 행복하게 사는, 꿈의 실현이다. 자신이 하고 싶고, 되고 싶고, 갖고 싶은 것을 다 이루면 성공한 삶이라고 할 수 있다. 사회적으로 말하는 일반 성공이 아닌 진정으로 자신이 하고 싶은 성공은 무엇인가? 자신이 생각하고 있는 성공의 개념부터 파악해야 한다.

자신의 성공을 생각해 보지 않았다면 목적지도 없이 표류하고 있는 배와 같다. 개개인의 욕구가 다르므로 개인이 생각하고 있는 성공의 개념도 다를 수 있다.

사람들은 "성공은 자주 그리고 많이 웃는 것이다.", "자신이 좋아하는 것을 할 수 있고 내가 생각하고 있는 가치 있는 일을 점진적으로 실현하는 것이다."라고 말을 한다. 성공한 삶을 살려면 몸이 건강해야 하고 경제적으로도 안정이 되어야 한다. 또 가정이 화목하고 행복한 상태로 마음이 안정되고 평화로우며, 자신이 좋아하는 일을 하면서 또 사회적으로 원만한 인간관계를 유지하는 것이 중요하다.

성공은 꿈꾸는 데서부터 시작된다. 행복한 마음으로 충만한 성공을 위해서는 오감을 활용한 생생한 꿈을 꾸는 것부터가 시작이다.

삶은 우리가 무엇을 하며 살아 왔는가의 합계가 아니라 우리가 무엇을 절실하게 희망해 왔는가의 합계이다.

— 호세 오르테가이가세트

삶의 주인공은 나

'당신의 꿈만큼 당신은 성공할 수 있다'라는 광고 카피를 본적이 있다. 꿈은 사람을 살아가게 하는 원동력이다. 꿈이 없으면 깜깜한 밤에 등대도 없이 항해하고 있는 것과 같다. 지향점도 없이 표류하고 말 것이다. 우리는 뗏목 인생이 아닌 모터보트 인생이 되어야 한다. 바람에 의존하지 않고 가고자 하는 방향으로 조정할 수 있는 인생, 삶의 주인공은 바로 자신이기 때문이다.

꿈이 선명하면 삶에 희망을 불어넣어 준다.

최고의 자동차라도 휘발유가 없으면 무용지물이 된다. 자동차를 움직이는데 필수적인 것이 연료라면 사람을 움직이는 필수요소는 꿈이다. 꿈이 있어야 열정도 생긴다.

긍정이 넘치는 곳에 열정도 따라 온다. 긍정은 열정을 지탱하는 주춧돌과 같다.

열정(熱情)이란 한자를 보면 '어떤 일에 대한 뜨거운 마음'이라는 뜻이 있다. 열정은 꿈에서 나온다. 열정은 힘이고, 자석처럼 사람을 끌어당기는 힘이 있다. 열정은 사람을 설득하게 하고, 도전과 자신감을 주며 후회가 없게 한다. 행운을 불러오고 끌어들이는 유인력의 법칙이 작용하게 된다. 유인력의 법칙이란 지속적으로 생각하는 그대로를 자기에게로 끌어오게 하는 것이다.

시각화는 행동심리학의 원리이며 성취 능력을 증진시켜주는 도구이다. 이렇게 상상하면 상상은 잠재의식 속에 새겨지게 되고 꿈을 이룰 수 있는 자신감과 용기, 열정이 생긴다. 상상은 항상 성공이 실현된 상태인 현재형으로 해야 한다. 바라는 미래를 그림으로 마음속에 명확한 이미지로 그려 넣는다. 대뇌생리학자는 사람마음 즉 두뇌활동, 소망과의 관계, 마음속 이미지 비전을 생생하게 그리는 사람일수록 원하는 인생을 살 수 있다고 한다. 이미지와 성공과 밀접한 관계가 있기 때문이다.

성공한 사람들의 가장 큰 특징은 구체적인 비전, 열정, 좋은 습관이 있다.

미래에 대한 꿈이 선명할 때 더 강한 자극제가 된다. 문득 나에게 "왜 사느냐고, 꿈이 무어냐고, 무엇을 위해 사느냐고, 지금까지의 삶이 후회스럽지 않으냐고" 질문을 던진다면 여러분은 어떤 답을 할 것인가? 지금부터 생각해보자.

꿈을 꾸지 않으면 꿈은 절대 시작되지 않는다. 해낼 수 없다고 포기해 버린 꿈 그 꿈이 여전히 나를 부르고 있다. 할 수 없다고 믿으면 할 수 없다. 말은 신념을 낳고 신념은 행동을 낳는다. 운명을 다스리려면 내 생각을 다스려야 생각하는 것이 미래가 된다. 기회는 비전을 가진 자에게 찾아온다고 루이 파스퇴르는 말했다. 성공은 운명이나 우연이 아니다. 교육이 과학인 것과 같이 성공도 과학이다. 꿈을 키우고 그것을 행동으로 성취해 나가는 능력이다.

성공은 행복한 사람에게만 찾아온다.

내가 진정으로 원하는 삶, 꿈꾸어온 삶을 계획하고 우리는 누려야 한다. 내가 진정으로 원하는 삶을 살고 싶다면 진정으로 원하는 것이 무엇인지 구체적으로 적어보자.

생각 속의 막연한 꿈도 적어보면 의욕을 되찾게 된다. 금메달리스트는 금메달을 꼭 따고야 말겠다고 꿈꾸는 사람이 따게 되는 것과 같다.

열렬히 갈망하는 나의 꿈

최고로 즐겁게 살고 싶다면 미치도록 열렬히 갈망하는 꿈을 가져야 한다. 최고의 성과를 만들어내는 사람의 공통점은 열렬히 갈망하는 꿈이 있다는 것이다. 이루면 좋고 이루어지지 않아도 그만인 그런 꿈이 아닌 미치도록 열렬히 갈망하는 꿈 말이다.

미치도록 열렬히 갈망하는 꿈을 가지면 즐거운 기적이 일어나는 것을 필자는 체험했다.

그래서 꿈의 목록을 작성하는 일이 자신에게 원하는 삶을 가져다준다는 것을 확신한다. 불가능해 보이던 일들도 적어보고 사력을 다해 노력해보니 결과는 항상 꿈을 실현하고 있었다.

생각을 글로 정리하고 항상 성공영상화를 하다보면 원하는 삶이 차근차근 자신에게 다가온다. 현재 삶이 가능성이 보이지 않는다고 해도 꿈을 포기하지 말고 작성한 꿈의 목록을 생생하게 상상해보자.

어느 누군가에게 가능한 것이라면 나에게도 가능하다는 것을 전제로 하고 열렬히 갈망하는 꿈을 생각해보자. 인생의 꿈의 목록이기 때문에 시간의 여유를 갖고 적어보자. 워크숍을 통해 많은 사람에게 꿈의 목록을 적어보게 하면 일사천리로 적는 사람도 있지만 대부분의 사람들은 10개 정도 적고 고민들을 한다. 그들에게 "꿈이 많죠?"라고 질문하면 "네"라고 대답한다. 평상시에 생각은 많이 하고 살지만 막상 글로 적어보라고 하면 쉽지가 않다.

실제로 워크숍을 진행할 때 교육생들에게 자신의 꿈을 적어보라고 주문을 한다. 그러면 순식간에 희망을 찾겠다는 밝은 표정은 온데간데없고, 어려운 수학문제를 푸는 수험생들처럼 굳은 표정으로 바뀐다.

지금까지 살아오면서 자신이 어떤 삶을 살고 싶은지 가슴 속으로 품었을 뿐, 그것을 적어본 경험이 없기 때문에 한 글자 한 글자 쓰기가 조심스러웠던 것이다. 그러나 그들과 대화를 하면서, 자신의 꿈이 얼마나 많고 장점이 많은지를 발견하고 스스로 놀라워하는 모습을 발견하게 된다. 또한 목표를 이루겠다는 열정만큼이나 중요한 것이 동기부여인데, 이것을 가지기 위한 가장 좋은 방법은 인생의 전체적인 밑그림을 그려 보는 것이다.

그래서 제안을 하고 싶다. 하루에 2개씩만 적어보자. 한 달이면 60개, 두 달이면 120개다. 중요한 것은 메모지를 가지고 다니면서 생각날 때마다 적어두었다가 옮겨 적어보는 것이다.

능력과 노력보다 중요한 것은 희망, 꿈이다. 꿈은 씨앗처럼 뿌려서 키워 나가는 것이다.

인생이란 떠밀려서 다음 단계로 가는 것이 아니라 계획적인 의지로 자신의 인생을 개척하는 것이다. 성공은 운명이 아니라 자신의 태도와 습관에 의해 결정된다.

지금의 모습과 확연히 다른 삶을 추구하라는 것이 아니다.

꿈, 희망, 씨앗은 자신의 삶 주변에 있다. 내 삶이 행복해지려면 꿈의 목록을 작성하고 미래의 삶의 질을 결정해야 한다. 지금과 또 다른 삶의 변화를 원한다면 자신의 꿈을 이룰 수 있다는 믿음으로 행동에 제한을 두지 말고 시간과 에너지를 쏟는 노력을 해야 한다. 꿈만 꾼다고 이루어지지는 않고 원하는 것을 얻기 위해 도전정신으로 행동해야 한다. 행동하면 목표를 성취할 수 있다. 내가 할 수 없다고 생각하는 장애물을 만났을 때도 비전을 생각하고 행동한다면 분명히 성취할 수 있다.

현재 삶이 가능성이 보이지 않는다고 해도 꿈을 포기하지 말고 작성한 꿈의 목록을 생생하게 상상하자.

자신에 대한 믿음을 가진 사람들은 도전적이다. 두려움을 극복할 수 있다는 믿음이 있기 때문이다.

"희망은 독수리의 눈빛과도 같다. 항상 닿을 수 없을 정도로 아

득히 먼 곳만 바라보고 있기 때문이다. 진정한 희망이란 바로
나를 신뢰하는 것이다. 행운은 거울 속의 나를 바라볼 수 있는
만큼 용기가 있는 사람을 따른다. 자신감을 잃어버리지 마라.”

– 쇼펜하우어

꿈의 목록 적어보기

 어린 시절부터 소망해온 것을 생각나는 대로 적어보자. 인생의 성공을 꿈꾸는 사람이라면 성취해야 할 꿈과 목표가 있어야 한다.

자신이 원하는 것을 구체적으로 세세하게 리스트에 적어보자.

꿈은 성공뿐만 아니라 즐거움을 준다. 자신의 생각을 정리해 놓고 보면 나에게도 이런 욕구가 있었구나 하고 새삼 놀랄 때가 많다. 인생의 주체는 나이고 자신이 꿈꾸는 삶을 살 수 있다. 원하는 삶으로 살아가기 위해서는 소망과 꿈을 가슴 속에 묻어두고 머릿속으로만 생각하지 말고 밝은 곳으로 이끌어 주어야 한다.

현실 속의 제약들을 생각하지 말고 상상 속에서만 머물던 모든 것을 꿈의 목록으로 만들어보자. 꿈의 목록을 작성하는 순간부터 마음속에는 상상력과 도전정신 그리고 능력을 활용할 수 있는 자신감을 발견하게 된다. 물론 의미 있는 인생, 자신이 바라는 인생은 하루아침에 이루어지지 않는다. 성공을 이루기까지는 고통과 두려움, 많은 시간도 소요될 것이다. 그러나 자신이 진정으로 원하는 것을 상상해보면 그 상상력을 바탕으로 달성할 수 있다는 믿음을 가질 수 있게 된다.

때로는 좌절을 겪을 때도 있지만 꿈을 보면서 위안을 얻고 용기가 생기며 계속 나아갈 힘을 얻게 된다. 꿈을 꾸는데도 용기가 필요하다. 이루지 못할 것 같은 두려움 때문에 우리는 꿈을 생각하는 것을 두려워한다. 괴테는 "꿈을 간직하고 있으면 실현할 때가 반드시 온다."고 했다. 꿈을 간직하고 꾸준히 꿈꾸던 삶을 살기 위해 노력하면서 행동하면 기회가 행운으로 연결되어 실현된다.

자신의 삶의 설계도가 그려져 있지 않다고 생각해보자. 조그마한 빌딩을 건축하는 데도 설계도는 있다. 만약 구체적으로 설계하지 않고 주먹구구식으로 한다면 많은 시행착오가 있을 것이다. 그런데 평생 살아갈 자신의 집을 짓는데 설계도가 없다면 모래 위에 성을 쌓는 것과 같다. 미래에 대한 청사진이 완벽하게 그려진다면 진정으로 꿈꾸어온 삶, 원하는 삶이 무엇인지 알아볼 수 있다.

꿈꾸는 법을 익혀야 한다. 인생에서 자신이 원하는 삶을 구체화시켜서 적어보자.

바라는 구체적인 목표는 무엇인가?

목표를 얻으면 어떻게 아는가?

보이는 것은?

들리는 것은?

어떤 느낌?

목표는 언제, 어디서 누구와 만들고 싶은가?

그것을 얻으면 일상생활에서 어떤 변화가 일어나는가?

목표가 성취되면 재정적인 면은?

목표가 성취되면 가족이 누리는 혜택은?

목표를 달성하는데 이미 가지고 있는 능력은?

목표를 달성하기 위해 더 필요한 능력은?

현재 목표를 가로막고 있는 것은?

목표를 이루기에 어려움은 무엇인가?

목표를 달성하는데 받게 되는 스트레스는?

목표가 장기적으로 볼 때 진정 원하는 것인가?

목표는 나에게 어떤 의미가 있는가?

목표를 위해 지금 무엇을 해야 하는가?

구체적으로 무엇을 갖고 싶은가?

어떤 집에서 살고 싶은가?

어떤 차를 갖고 싶은가?

어디로 여행가고 싶은가?

외모, 신체적으로 달라지고 싶은 것은?

고치고 싶은 습관, 성격, 배우고 싶은 것은?

미래에 가장 하고 싶은 일은?

이루고 싶은 것 10가지(예)

구분	내 용
1	즐거운 마음 갖기(건강)
2	행복한 가정
3	성공한 사업가
4	3개 국어에 능통한 실력
5	장학재단 설립
6	베스트셀러 출판
7	세계여행(30개국)
8	국내 최대 스포츠센터 설립
9	다양한 인적 네트워크
10	글로벌 리더

정말 갖고 싶은 것 10가지

구분	내 용
1	
2	
3	
4	
5	
6	
7	
8	
9	
10	

이루고 싶은 것 10가지

구분	내 용
1	
2	
3	
4	
5	
6	
7	
8	
9	
10	

2015년 나의 모습

어디에 있는가? 무엇을 하고 있는가?
누구와 함께 있는가? 그 사람과 무슨 이야기를 하고 있는가?

2015년 나의 모습(예)

어디에 있는가? 무엇을 하고 있는가?
누구와 함께 있는가? 그 사람과 무슨 이야기를 하고 있는가?

모티베이션 코칭센터에서 나는 영향력 있는 동기부여 전문가로서의 명성을 확인하며 빡빡한 강연 스케줄로 행복하다.
유머와 열정이 녹아있고 진지함으로 가득한 교육장은 교육내내 공감하고 경청하면서 고개를 끄덕이고 열심히 메모도 하는 교육생들이 상기된 얼굴로 나와 일체가 된다. 동기 부여되어 확신에 찬 모습을 보니 감사하고 가슴이 벅차다.

나를 만난 것은 진정 행운이라고 말하는 교육생들, 나를 지지해주고 신뢰하는 교육생들을 보며 나의 몸 전체에 에너지가 충만함을 느낀다. 나의 얼굴은 약간 상기되어 있고 목소리는 격양되었다가 이내 작은 속삭임으로 메시지를 전달하고 있다.
행복한 마음으로 각자 자기가 원하는 최고의 삶을 살 수 있도록 내적 자원을 최대화시키고 잠재력을 발휘할 수 있도록 하자는 내용에 교육생들은 오늘도 진지한 모습과 열띤 참여로 강의장은 후끈 달아오르고 있다.

강의는 내가 숙명적으로 해야 하는 소명이라는 핵심신념을 갖게 된다. 교육이 끝나고 교육생들의 행복한 미소와 확신에 찬 표정, 환호에 가슴이 벅차오르고 무엇이든 할 수 있을 것 같다.
아~ 행복하고 감사하다.
몇몇 브레인들과 전략회의를 한다. 좋은 마케팅 전략들이 나왔고 각자 맡은 분야에서 열심히 일하고 있다. 내부적으로는 직원들에게 좋은 인생의 선배로 조직을 이끌어 가는 리더로서의 모습을 보인다.
나는 꿈을 찾는 사람들을 지원하는 파트너이며 인큐베이터 역할을 한다. 사람들의 꿈을 실현하게 지원하는 동반자이다.

동기 부여하고 실행하자

비전은 폭풍우 속에서도 빛을 밝혀주는 등대역할을 하고 자신의 삶을 스스로 통제하고 주도적으로 만들며 자신을 동기 부여 해준다. 비전은 어둠을 밝히는 생명의 등대다.

가슴 뛰는 삶, 내가 추구하는 최상의 삶을 살고자 하는 강렬한 열망과 비전이 없다면 체념의 사슬에 묶인 서커스 코끼리이며 분재 소나무 같은 정신적 난쟁이이다.

비전을 상실하면 쇠사슬보다 더 무서운 마음의 사슬에 묶이게 된다. 서커스에서 보면 코끼리가 사슬에 묶인 채 작은 나무막대에 묶여 있다. 코끼리는 도망갈 생각을 하지 않는다. 처음에는 코끼리도 도망을 가려고 노력했다. 물론 처음부터 나무막대에 묶였던 것이 아니었다. 쇠말뚝에 묶인 아기코끼리였다. 온힘을 다해 발버

둥을 쳐보아도 도망을 갈 수가 없었다. 코끼리가 성장함에 따라 더 굵은 쇠말뚝으로 교체된다. 코끼리는 사력을 다해 발버둥도 쳐보고 도망을 가려고 노력을 한다. 그러나 어느 순간 코끼리는 포기를 한다.

'나도 노력해봤어. 그런데 도망갈 수가 없어. 내 발목에 사슬이 묶여 말뚝에 매달려 있는 이상 난 도망갈 수가 없어.' 하며 체념의 사슬과 관념의 사슬에 묶여버리고 만다.

그렇게 체념하는 관념의 사슬에 묶일 때 작은 나무말뚝으로 교체가 된다. 이제는 도망을 갈 수가 있다. 그러나 도망갈 생각을 하지 않는다.

긍정 심리학자 셀리그만은 "인간이나 동물이 반복되는 부정적인 사건을 겪고, 자신이 통제할 수 없다는 것을 경험하면서 갖게 되는 무력감은 학습된 무력감이다."라고 했다.

우리들의 삶도 이렇지 않은가? 물리적인 사슬에 묶여있는 것이 아니라 자기 마음속에 사는 관념의 사슬, 체념의 사슬에 묶여 있다. 자신에게는 무한한 능력과 가능성이 잠재되어 있지만 어린 시절부터 체념의 사슬에 묶여 하루하루를 주어진 환경에 적응하며 안주하면서 보내고 있는 사람이 많은 것이 현실이다.

몇 번의 실수나 실패 또는 여러 가지 사회적인 제도나 관행으로 인한 좌절의 경험 등이 마음의 사슬을 만들어 낸다. 우리의 마음속에 조금이라도 부정적인 체념의 사슬이 있다면 과감히 끊어 버리자. 부정적 자아개념은 심리적으로 불안감을 느끼며 세상에 대한 부정적 감정과 삶에 대한 의욕상실로 이어진다. 자기 부정적 사고는 자신의 삶을 자신이 주도적으로 살아가지 못하고 타인에 의해 의존적인 삶을 살아가게 한다. 헤밍웨이의 『노인과 바다』를 보면 "희망을 버린다는 것은 어리석은 일이다."라고 나온다. 우리가 희망을 버리지 않고 끝까지 시도한다면, 포기하지만 않는다면 언젠가는 성공할 것이다. 새롭게 꿈을 꾸어 보는 것이다.

자신에게 부정적인 사람은 힘든 일을 극복하지 못한다. 자신에 대해 긍정적이면 힘든 상황이 되어도 극복하게 된다.

자신에 대한 믿음은 태도를 결정한다. 그 결과로 삶의 방향을 결정하고 운명이 결정짓게 된다. 자기를 인식하는 태도가 적극적이고 능동적이라는 믿음이 있으면 믿음대로 행동을 적극적이고 능동적으로 하고 부족한 자원이 있다면 자원을 개발한다. 먼저 어떤 상황이 되면 생각에서 머무르거나 실패할지도 모른다는 두려움보다는 행동을 하게 된다.

자신이 하고 싶은 것과 되고 싶은 것을 추구하려다 보면 두려움과 마주서게 된다. 누구나 가보지 않은 길에 대한 두려움은 있지만 자신에 대한 믿음이 확고하다면 두려움, 고통을 기꺼이 감내하고 가능성을 향해 행동하게 된다. 용기는 희망을 주며 희망은 용기에게 힘을 준다. 마크 트웨인은 "용기는 두려움을 느끼지 않는 것이 아니라 두려움에 대한 저항이자 극복이다."라고 했다. 용기는 두려움을 극복하고 통제한다. 하고 싶은 일을 하며 살고 있고, 미래에 성공한 자신을 미리 경험하고 만족감을 생각하면 불안한 마음을 극복할 수 있다.

두려움을 극복하는 방법은 의심을 떨쳐버리고 실행에 옮기는 것이다. '안될 거야, 어려운 계획이야, 무리한 일이야, 그건 효과가 없어' 라는 목소리는 무시하고 스스로 의심하지 않고 믿음을 갖고 끝까지 노력하는 것이다. 자신의 능력을 과소평가하지 말고 믿는 마음이 필요하다. 두려움을 극복하기 위한 방법으로 작은 성공 경험을 갖는 것도 중요하다. 두려움을 깨우는 것은 우리의 마음이고 습관이다. 자신의 삶을 파괴하는 것은 두려움이다. 실패는 과정일 뿐이다.

앤서니 라빈스는 "되고자하는 모습대로 생각하고 느끼고 행동한다면 그 사람이 될 것이며 그런 사람처럼 행동하는 것이 아니라 바로 그 사람이 될 것"이라고 역설했다.

필자가 되고자 하는 모습은 가능성을 확신하는 사람, 성장촉진자, 기쁨을 함께 하는 사람, 다른 사람을 계발시키는 사람, 열정을 만들어주는 사람, 변화심리학의 전문가, 기업가, 아내, 엄마, 베스트셀러 저자, 저명한 교수, 세계 최고 동기부여 전문가다. 그런 사람이 되기 위해 나에게 끊임없이 동기를 부여한다. 동기부여 전략은 우리가 성취하려는 어떤 목표를 지닐 때 우리 자신에게 강력한 동기를 부여하게 하는 심리 전략이 된다.

동기부여는 인간의 내부로부터 나오는 것이지 외부로부터 강요될 수 있는 것은 아니다. 자신의 자유의지에 따라 뭔가를 하고 싶을 때 나오는 것으로 스스로 자유롭다면 무엇이든 마음대로 할 수 있다.

행동심리학자인 프레드릭 허즈버그 박사는 위생-동기이론에서 동기를 개인과 관련된 내재적 요소와 직장과 관련된 외재적 요소로 나누고 있다. 내재적 요소는 성취에 대한 인정, 업무 책임감, 성장이나 발전들이 포함되어 있고 외재적 요소는 기업의 정책과 행정, 사람들과의 관계, 근무환경, 임금, 지위, 안정 등이 포함된다. 내재적 동기가 외재적 동기보다 중요하다. 동기는 자기 자신의 성취욕으로부터 생겨나는 것이다. 내면의 성취 욕구를 자극할 때 성공하고자 하는 동기부여를 받는다. 동기부여를 하려면 도전목표가 있어야 한다.

동기부여는 희망 위에서 번창하며 희망은 내일에 대한 강한 믿음을 가능하게 만들어주는 정신이다. 아침에 눈을 뜨고 일어날 때 나에게 의욕을 주고 자신을 움직이게 만드는 것이 무엇인가?

무엇이 나에게 동기를 부여하는가?

필자는 공부를 하는 이유, 일을 하는 이유 등을 자신에게 이야기 하며, 나는 세계 최고 동기부여 전문가가 꼭 되고 싶다고 끊임없이 이야기한다. 내가 진정으로 무엇을 원하고 무엇을 믿는가는 장애물을 극복하고 열정적으로 행동하게 하기 때문이다.

2

자기 안의
행복 찾기 코칭

결과 작성하고 시각화하기

행복한 성공에 집중하고 성공한 자신을 본다. 꿈을 이루기 위한 여러 가지 방법 중에서도 '시각화(visualization)'는 자기의 성취 능력을 증진시켜 꿈을 이루게 하는 방법이다. 시각화란 자신의 꿈이 달성된 상태를 그림이나 사진으로 표현해 미리 경험하는 것으로 꿈을 생생하게 상상하게 해준다.

꿈을 이루는 것을 상상하게 되면 꿈은 방향성을 갖게 해주어 정신적인 영양분을 주게 된다.

상상력을 발휘해 꿈의 달성된 결과로 일어날 수 있는 놀라운 일들을 체험해보자. 자신이 바라는 구체적인 결과는 무엇이고 그것은 누구와 달성하고 싶으며, 그것을 달성하면 자신의 삶은 어떻게 될까? 에 대해서도 적어보는 시간을 갖는다.

자신을 제대로 파악하는 시간으로 가지고 있는 자원 즉 자신의 성격, 사고방식, 경험, 인간관계, 재능, 차별화된 능력, 지식은 무엇인가 생각해보고 적어본다.

미래에 집필할 자서전과 기한이 정해진 미래 모습을 떠올리며 꼭 달성할 수 있다는 신념이 생겨나도록 실천하기 위해 행동목표를 수립한다.

삶이 힘들다고 느껴질 때, 매너리즘에 빠질 때, 자신의 미래상을 구체적으로 오감을 통해 느껴본다면 마음의 안정과 미래의 원하는 모습을 위해 노력해야겠다는 다짐을 하게 된다. 내면에 있는 동기, 용기, 에너지, 인내심, 열정, 유연성, 정직 등의 에너지를 자신의 상황에 맞도록 자극하여 에너지와 태도를 이끌어 낸다. 꿈을 꾸고, 그 꿈을 위해 현재의 위치를 끊임없이 상기시키면 성공한 삶으로, 행복한 삶으로 갈 수 있게 된다는 확신을 갖게 된다.

또한 긍정적 자기 이미지는 높은 수준의 에너지를 유지한다. 미래의 긍정적 이미지를 오감을 통해 생생하게 떠올려서 에너지를 높인다. 우리의 일상경험을 오감 이미지를 통해 생생한 경험을 하게 되면 내적 충만감이 높아지며 우뇌를 자극함으로써 창의적 사고, 개방적 사고로 스트레스 상황에서 자신을 다스려 평온함을 갖게 하는 효과가 있다. 동기부여의 85% 이상은 자신이 기대하는 결과 또는 이루고 싶은 일에 의해 결정된다고 한다.

바라는 것을 분명히 알면 알수록 그것을 달성하기 위해 점점 더 동기를 부여받고 결심을 굳히게 된다.

자신의 머릿속에 떠오르는 생각들을 다른 사람에게 이야기를 할 때 다른 사람도 여러분이 생각한 것처럼 선명하게 떠올릴 수 있도록 표현한다면 그것은 시각화를 활용하고 있는 것이다. 시각화는 성공의 영상화이다. 자신의 성공을 영화처럼 그려보자. 여러분 자신의 성공한 삶의 예고편을 보는 것이다.

시각화를 하면 자신이 세운 목표에 집중이 되고 욕구가 커지면서 결의가 강화된다. 지속적인 실천동기를 받게 된다.

시각화를 통해 목표를 달성했을 때의 기분을 경험하고, 자신의 장밋빛 미래를 상상하고 달성했을 때 자신의 변화된 모습을 구체적으로 작성해본다.

폴 J. 마이어는 "시각화는 성취능력을 증진시키는 뛰어난 도구다."라고 했다.

성공을 영상화하는 일

자신의 모습을 스스로 어떻게 설정하느냐에 따라 자신의 모습이 결정된다. 스스로 구현하고자 하는 이미지가 무엇이냐에 따라 본인의 모습이 달라지는 것을 의미하며 이로 인해 사람들은 저마다 성공한 모습을 실현하고자 노력하게 된다.

시각화로 이미지를 형상화하는 것은 이상적인 자아를 현실화하는데 커다란 힘을 발휘하게 만든다. 행동심리학의 원리에 따르면 시각화 훈련은 개인의 성취능력을 극대화하는 강력한 요소로 작용한다. 즉 자신의 눈으로 구체적인 이미지를 확인함으로써 마치 자석처럼 자신의 이미지에 끌리듯 따라가게 되는 것이다. 따라서 이미지를 시각화하는 것은 성공을 영상화하는 일이자 한 사람의 능력을 최대한 발휘하게 만드는 촉매제가 된다. 모든 것은 자신이 생각한 대로 이루어진다. 사람의 마음은 자석과 같아서 생각하는 것을 끌어당기는 힘을 가지고 있다.

목표가 자석의 역할을 하고 시각화는 성공의 영상화를 한다. 시각화는 행동심리학의 원리이고 성취능력을 증진시켜주는 도구이다. 이렇게 상상하면 상상은 잠재의식에 새겨지게 되며 꿈을 이룰 수 있다는 자신감과 용기, 열정이 생긴다. 상상은 항상 성공이 실현된 상태로 현재형으로 해야 한다.

시각화에서 가장 중요한 것은 선명하게 본인도 그림을 그릴 수 있어야 하고 상대방에게 이야기를 하였을 때 듣는 이들도 선명한 그림을 그릴 수 있게 해야 한다. 그리고 우선순위를 정해 시각화를 하는 것이다.

이미지 트레이닝은 가능한 이루고 싶은 모습을 자주 마음속에 그려보는 것이다. 계속 반복하다 보면 이미지의 플러스 기억이 뇌에 저장되어 자신이 체험하고 있는 느낌을 갖게 된다.

"나의 마음속에 들어와 규칙적으로 형성된 모든 생각은 삶 속에서 결실을 볼 것이다."라는 시각화의 위력에 대한 확신을 먼저 갖는 것이다.

자신이 가장 기분이 좋았던 때를 떠올려 보자.그리고 온몸으로 좋은 감정을 만들어 보자. 생생하게 냄새, 맛, 소리 혹은 풍경 등을 경험하고 그 상황의 이미지를 생생하게 온몸으로 지금 이 순간인 것처럼 느끼며 지금의 행복한 감정에 집중하자.

모든 것은 자신이 생각한 데로 이루어진다.

면접을 준비하는 과정에서도 활용할 수 있다. 면접장소를 상상하자. 문을 열고 들어가는 자세를 상상하고 의자에 앉아 면접관의 질문에 잘 대응하는 자신의 모습을 상상하라. 밝은 모습으로 자신감 있는 어투로 또렷하게 답하는 모습, 당황스런 질문에도 명료하게 대답하는 자신의 모습을 상상한다.

자신감이 넘치는 자신의 모습을 생생히 상상하고 인터뷰에서 성공한 모습을 온몸으로 느껴보자. 이미지 트레이닝은 가능한 이루고 싶은 모습을 자주 마음속에 그려보는 것이다.

계속 반복을 하다보면 자신이 체험하고 있는 듯한 느낌을 갖게 된다.

이미지의 플러스 기억이 뇌에 저장되는 것이다.

시각화는 자신의 개발되지 않은 잠재력에 불씨를 당기는 역할을 한다. 내가 원하는 것을 갖고 원하는 일을 하고 내가 꿈꾸어 온 일들이 달성된 것처럼 마음속에 미리 그려보는 것이다. 자신을 바라보는 마음의 창에서부터 모든 결과가 나오게 된다. 셀프 코칭은 스스로 동기를 부여하는 것이다. 꿈, 목표를 달성하여 환호하는 모습을 생생하게 보고 듣고 느껴본다. 예를 들어 크루즈 세계여행이 목표라면 여행하고 있는 자신의 모습을 보고 듣고 느껴보는 것이다.

자신이 반드시 이루고 싶은 목표나 되고자 하는 자기 이미지를 구체적이고 긍정적인 문장으로 만들어 달성하고 있는 자신의 모습을 생생하게 그려본다. 성공적으로 성취하고 있는 모습을 미리

보고 느껴보는 것이다. 우리는 자신이 경험한 것 이상은 상상하지 못한다. 그러므로 간접경험을 위해 많은 책을 읽고 다양한 영상 매체를 통해 경험해보고 상상해보는 것이다.

그리고 그 상상을 현실로 만들기 위해 실천하는 것이다. 행동을 할 때 두려움, 고통이 있다면 미리 경험해 본 자신의 미래와 행복을 현실로 하기 위해서라도 기꺼이 감내할 수 있게 된다.

시각화 사례

조셉 머피 박사 책에서의 사례를 인용해보자.

미국 일리노이대학에서 한 실험내용이다.

농구팀을 세 그룹으로 나누어 A그룹 선수에게는 슈팅 연습을 시켰고, B그룹 선수에게는 한 달 동안 슈팅 연습을 시키지 않았다. C그룹 선수는 연습은 시키지 않는 대신 마음속으로 매일 30분 동안 자신이 던진 공이 득점하는 장면과 향상되어가는 자신의 모습을 상상하게 하는 '마음의 훈련'을 하게 하였다.

한 달이 지난 후 세 그룹의 슈팅 득점률을 테스트해본 결과는 마음속으로 매일 연습한 C그룹의 득점률과 A그룹의 득점률이 비슷하게 나왔다고 한다. 물론 B그룹은 아무런 진전이 없었다. 이미지 트레이닝은 운동선수에게도 많이 활용되고 있다. 수영선수들은 물 속에 뛰어드는 자신의 모습, 물의 느낌, 수영하는 자신의 모습 등을 정신력 훈련을 통해 실제 시합처럼 연습을 한다. 육상선수들도 출발해서 선두를 달리는 자신의 모습, 1등으로 골인하는 자신의 모습을 상상해왔다는 인터뷰를 들어본 적이 있을 것이다.

꿈은
나침반이고 북극성이다

인생은 생각하는 대로 이루어지며 사고가 곧 현실이 된다. 이미지에는 굉장한 힘이 있어서 선명하게 그린 꿈은 반드시 실현된다.

대뇌생리학과 심리학 연구를 통해서 사람의 마음 즉 두뇌 활동과 소망 실현과의 관계가 속속들이 밝혀지고 있다. 마음속으로 이미지와 비전을 생생하게 그리는 사람일수록 원하는 인생을 살 수 있다. 성공과 이미지는 밀접한 관계가 있기 때문이다. 명확한 꿈을 가진 사람은 어떠한 역경도 이겨낼 수 있다.

꿈은 우리의 나아갈 방향을 알려주는 신비로운 나침반이다. 산속에서 길을 잃었다고 가정해보자. 어디로 가야 할지 방향이 서지 않는다면 조난당할 수 있을 것이다. 나침반이 있다면 가야 할 방향을 설정할 수 있다.

꿈은 나침반이고 북극성이며 씨앗이다. 씨앗을 뿌리면 열매가 나오고 수확의 기쁨을 느낄 수 있다. 꿈은 가슴에서 가슴으로 전파되는 희망의 불씨다.

꿈은 불가능해 보이는 것을 가능하게 하는 힘의 원천이다. 그리고 그 사랑의 열매가 많은 사람의 삶을 풍성하게 해주고 있다.

빌 게이츠의 비전은 "세계의 모든 가정, 모든 책상 위에 컴퓨터를", J. F 케네디의 비전은 "1960년대 말까지 인류를 달 위에 서게 하라.", 스탠퍼드 대학의 비전은 "서부의 하버드가 되자."였다고 한다. 비전을 말했을 그 상황에서는 너무도 가능성이 없는 비전이었지만 현실은 어떠한가? 가정에 컴퓨터 한 대는 기본이고 이제는 휴대하는 컴퓨터도 많이 가지고 다니는 것이 현실이다.

자기가 소망하는 것들, 즉 갖고 싶은 것, 하고 싶은 것, 되고 싶은 것들을 마음속에 키우며 살아가자.

나의 비전

나의 비전	설정 이유

스스로 만든 것이다

벤저민 프랭클린은 매일 같은 기도를 했다고 한다. 우리도 다짐이라고 표현할 수 있는 그런 나만의 기도문을 만들어보자. 대부분의 격언이나 속담은 모두 다짐의 일종이다.

예를 들면 '고생 끝에 낙이 온다', '아침 냉수 한 컵이 보약보다 낫다' 등, 이 밖에도 국기에 대한 맹세, 정부의 표어, 회사의 사훈 등도 일종의 다짐에 속한다.

다짐의 이점은 자신감과 적극적인 자기 이미지를 형성시켜 주는 것이다. 가장 효과적인 다짐은 스스로 만든 것이다. 자신의 목표에 바탕을 두고 되고 싶은 인물, 하고 싶은 것, 갖고 싶은 것을 표현한다.

다짐을 반복함으로써 자신감과 확신을 하게 되고 걸림돌을 극복하는 결의를 다질 수 있다.

다짐의 작용은 긍정적 다짐과 부정적 다짐으로 나눌 수 있다.

부정적 다짐은 부정적 결과와 부정적인 반응이 나온다.

긍정적 다짐은 긍정적 결과와 긍정적인 반응이 나온다.

"나는 이성적으로 자신의 감정을 제어한다. 나는 아이들의 말을 적극적으로 경청한다. 나는 아이들의 인격을 존중하며 그들에게는 스스로 생각하고 행동할 권리가 있다는 점을 인정한다."는 환경에서 자란 경우는 항상 긍정적이며 자신감 넘치는 아이로 성장한다.

반면에 어린 시절에 부모로부터 항상 "그런 것은 하면 안 돼, 너는 제대로 하는 것이 없어." 등 부정적인 말만 듣고 자란 경우는 마음속에 대부분 부정적인 생각들로 채워져 있다. 그 결과 아이의 마음은 스스로 생각하는 능력도 없어지게 되고 호기심과 자신감도 없는 부정적인 자아상이 성립하게 된다.

긍정적인 생각인 다짐이라는 작은 도구가 부정적으로 가득 채워진 마음에 긍정의 불씨를 당길 수 있다.

다짐의 예를 들면 "나는 끈기가 있고 열정적이다. 나는 중요한 사람이다. 내가 원하는 것은 무엇이든지 이룰 수 있다. 나는 성공할 수 있는 조건을 갖추고 있다. 나는 매일 행복하고 즐겁다. 나의 몸은 건강하고 항상 상쾌하다. 나는 모든 것에 감사한다. 나는 긍정적이고 유머가 풍부한 사람이다. 나는 매사에 자신감이 있고 상대방에게 신뢰감을 준다." 등으로 자신에게 스스로 하는 암시의 말이다. 마음에 새기고 소리 내어 외쳐본다.

데일 카네기는 이렇게 외쳤다고 한다. "나는 건강하다. 나는 행복하다. 나는 부자다."

필자도 성공한 사람들을 따라서 하는 행동들이 많다. 그 중에 "나는 건강하다. 나는 행복하다." 행복하다고 외칠 때는 너무도 행복한 표정으로 외쳐본다. 그리고 "나는 부자다."라고 하면서 생각한다. 꼭 이루고 싶은 꿈 중에 하나인 장학재단을 설립해서 혜택을 주는 모습을, 그렇게 외치고 나면 지금 자신의 모습에 너무도 감사하고 미래의 모습에 너무나 행복한 기분이 된다. 그렇게 하루를 시작한다.

다짐이란 자신이 지향하는 목표가 실현될 것에 대한 믿음을 표시하는 행위로 긍정적이며 적극적인 자기 이미지를 형성시켜 준다. 다짐은 자기 암시적 선언으로 현재시제로 작성한다.

자신의 다짐을 적어 냉장고, 식탁 등 잘 보이는 곳에 붙여 놓거나 수첩이나 지갑 속에 넣고 다닌다.

어떤 고등학생이 5, 3, 30, 5라는 숫자를 매일 다짐을 한다고 한다. 내용을 보니 매일 5시간씩 공부하기, 3명의 친구에게 진심 어린 칭찬을 해주기, 30분씩 땀 흘려 운동하기, 5분씩 성공한 모습을 시각화하기였다.

다짐이란 구체적인 목표에 대한 믿음을 표시하는 행동이다. 다짐은 긍정적인 자기 동기부여, 자기 통제, 자기 암시 등 여러 가지로 표현될 수 있다. 긍정적이고 적극적인 생각을 계속 반복하면 잠재의식 속에 영향을 줌으로써 확실한 변화를 가져온다. 다짐은 사고나 행동, 태도를 변화시키는 효과적인 도구이다. 다짐이란 구체적인 목표에 대한 믿음을 표시하는 행동으로 물리학에서 치환의 법칙이 활용된다.

긍정적인 생각들을 반복적으로 하면 다짐이 부정적인 생각을 치환한다.

부정적인 생각이 많았던 사람이 긍정적인 생각을 하게 되면 처음에는 거부하면서 저항을 할 것이다. 계속되면 부분적으로 수용을 할 것이고 그 다음은 전면적으로 수용을 하게 되고 자신의 생각으로 완전히 소화를 할 것이다. 즉 긍정적인 생각만 하는 자신이 불편하지 않게 된다. 완전한 자신의 삶이 되는 것이다. 다짐을 하는 생각도 습관이다. 다짐은 육체적 평온과 정신적인 태도에 영향을 미치게 된다.

긍정 심리학이다

미국 심리학회 회장인 마틴 셀리그먼은 『긍정의 심리학』에서 "긍정적인 사람은 긍정적 반응이 나타나고 부정적인 사람은 부정적 반응이 나타난다."라고 역설했다.

긍정 심리학이란 불안이나 우울, 스트레스와 같은 부정적 감정보다 개인의 강점과 미덕 등 긍정적 감정에 초점을 맞춘 심리학의 새로운 연구동향이며 마틴 셀리그먼 박사는 이 분야의 창시자로 꼽힌다.

자신의 꿈을 표어 삼아 방에 붙여두고 매일 큰소리로 낭독하라.

계획을 세우고 달성기일을 설정해서 매일 진척상황을 확인하고 분명하게 행동하라.

자신의 성공한 모습을 상상하고 그 이미지를 강화하기 위해 문장으로 만들어 매일 읽어보라.

적극적인 사고를 가지고 이룰 수 있다고 믿어라.

마틴 셀리그먼 박사는 머피의 법칙이나 샐리의 법칙은 마음속에서 결정된다고 하였다.

결국 징크스라는 것은 자신이 자신에게 만드는 것이다. 긍정적인 사람은 결과 중심적 마인드로 출발하는데 목표를 설정하고 성공한 모습의 결과를 시각화한다.

시각화를 하는 방법은 성공한 모습을 시각화하면서 아침마다 크게 외쳐보는 것이다. 시각화를 하고 싶은 시간이나 장소는 구애받지 말고 편안하게 선택한다.

첫 번째, 편안한 자세를 취한 후 가만히 눈을 감고 심호흡을 해본다. 그리고 자신이 가장 인정받았을 때, 사랑받았을 때, 즐거웠을 때, 행복한 감정이었을 때, 어느 상황이라도 기분이 좋고 편안한 느낌일 때를 상상한다.

두 번째, 시각화를 하려는 자신의 목표를 한 가지 단어로 구체화한다. 예를 들면 돈보다는 구체적으로 자신이 목표로 하는 금액을 생각한다. 승진보다는 사장, 이사 등 구체적인 직위를 생각한다.

세 번째, 연상한 단어를 오감을 통해 구체적이며 입체적으로 느낀다. 100억 원을 목표로 한다면 무게나 감촉 등을 느껴본다.

네 번째, 목표로 한 단어가 자신에게 주는 혜택을 그린다. 자신에게 주는 혜택 중 내가 그 목표를 해야만 하는 이유 중 강하게 마음에 와 닿는 혜택에 클로즈-업(close-up)한다. 필자는 100억 원을 생각하면서 편안한 노후와 전원주택, 가족과의 세계여행 등을 상상한다.

다섯 번째, 목표단어가 강하게 느끼는 혜택과 자신의 욕구를 표현하는 동사와 연결한다. 나는 풍요로운 노후를 준비하기 위해 100억 원을 번다.

여섯 번째, 자신의 능력에 대해 긍정적인 인정을 하고 행동을 결심한다. 인생의 행복은 자신이 선택하는 것이다. '난 할 수 있어.'

일곱 번째, 목표에 대한 다짐을 붙여 놓고 몇 번이고 계속 반복해서 외친다. 다짐은 현재형으로 긍정문으로 짧은 문장으로 만든다.

"나는 풍요로운 노후를 위해 100억 원을 벌어 신나고 행복하다."

20세기 최고의 물리학자 알베르트 아인슈타인은 "인생에는 두 가지 삶밖에 없다."라고 했다. 한 가지는 기적 같은 건 없다고 믿는 삶, 또 한 가지는 모든 것이 기적이라고 믿는 삶.

잠재의식은 말보다 이미지에 더 크게 반응한다. 감정이 담긴 것에 강하게 반응하며, 자주 반복되는 것에 반응한다. 현실과 상상을 구별하지 못하며, 부정형을 이해하지 못한다. 주어는 모두 1인칭으로 이해한다.

시각화 & 다짐 5분 활용법

1. 시간이나 장소는 자신이 편안한 곳에서 5분 정도 실행한다.

2. 편안한 자세로 가만히 눈을 감고 마음속으로 상상한다. 가장 행복했던 순간, 즐거웠던 순간, 인정받았던 순간, 배우자에게 반하여 사랑하게 되었던 순간, 첫 아이가 태어났던 순간, 둘째 아이가 태어났던 순간 등 가장 기분이 좋고 편안했던 순간들을 상상해보자(경험했던 일들은 상상하기가 쉬울 것이다).

3. 시각화를 하려는 상황을 구체화시켜 보자.

4. 상황을 오감(시각, 청각, 미각, 후각, 촉각)으로 느껴보자(상상력의 훈련이 필요하다).

5. 원하는 것을 이미 가지고 있으며 이미 성취하였다는 기분으로 항상 시각화 한다.

6. 자신의 능력에 대해 인정하고 행동을 결심한다(자신에 대해 할 수 있다는 믿음이 중요하다).

7. 목표에 대한 자신만의 다짐을 현재형으로 만들어 반복해서 외치고 자주 볼 수 있는 곳에 부착한다.

시각화 & 다짐 트레이닝 방법

상황

나는 살이 쪄서 예쁜 옷을 입을 수 없다.

가족, 친구들이 살이 쪘다고 핀잔을 주어 스트레스를 받고 있다.

다른 사람을 대할 때 자신감이 없고 마음이 움츠려든다.

목표(결심)

나는 허리를 한 달 안에 2인치 줄이겠다.

매일 줄넘기를 100개씩 한다.

식사량을 조절한다(7시 이후 금식).

장면

허리가 2인치 줄어 날씬한 몸매로 예쁜 옷을 사서 입어보는데 내가 봐도 멋있다.

가족이 의지가 대단하다고 칭찬해주고 나도 자신감이 넘치고 활기차고 행복하다.

목표를 세워 시각화하는 것만으로 끝나는 것이 아니다. 행동으로 옮겨 매일 줄넘기 100개를 하고 식사량도 조절해야 한다.

꿈과 현실을 이어주는 다리

헨리 포드(Henry Ford)는 "할 수 있다고 생각하면 할 수 있고, 할 수 없다고 생각하면 할 수 없다."라고 했다. 원하는 것을 현실로 만들기 위해서는 내가 원하는 것을 목표로 세워야 하고, 목표를 설정하면 자신이 원하는 것이 무엇이고 원하는 것을 이루기 위해 어떤 노력을 해야 하는지를 생각하게 된다.

인생을 살아가기 위해서는 큰 그림과 그 그림을 채워 나갈 수 있는 작은 그림들이 필요하다. 목표를 설정할 때는 단기목표와 장기목표로 나누어야 한다.

단기는 달성기간이 짧은 목표다. 기간이 짧은 목표는 성취하고 싶은 동기가 강력해지고 달성될 때마다 더 많은 목표를 설정하게 된다. 장기목표는 3~5년 이상의 앞을 내다보고 세우는 목표다.

중간목표도 필요한데 올바른 방향으로 가고 있는지 장애물이 있다면 계획을 다시 설정해야 한다.

목표설정은 인생의 우선순위와 핵심적인 가치관을 생각하여 미래 자신이 원하는 것을 위해 노력해야 한다는 것을 명확히 알 수 있게 한다.

아무런 변화 없이 하루하루가 반복된다면 미래는 어떤 모습일까? 성공이란 자신의 비전을 향한 목표를 단계적으로 성취해 가는 과정이다.

허공에 가상의 농구 골대를 정해두고 농구 시합을 해보자. 농구 골대에 공을 넣겠다는 목표가 있기에 좀 더 집중하고 정확하게 골대라는 목표를 향해 공을 던지게 되는 것이다. 또한, 장막을 치고 볼링을 한다면, 골문을 안 보여주고 축구를 한다면 아무런 흥미를 느낄 수 없는 것이다.

목표가 없는 사람은 초점이 없기에 아무것도 이룰 수 없다. 성공을 원하는 사람에게는 목표설정이 선택이 아니라 필수다.

목표는 꿈과 현실을 이어주는 다리와 같은 역할을 한다. 강이 흐르고 있는데 다리가 없다면 건너가기는 하겠지만 더 많은 노력과 시간이 소요될 것이다. 목표는 자신의 욕구를 일으키고 행동을 일으키는 강력한 힘이다. 목표를 설정하는 것은 공상이나 몽상이 아니므로 과학적이고 합리적으로 설정되어야 한다.

목표를 세우면 머릿속에서만 머무르는 것이 아니고 행동으로 옮길 수 있는 계기를 만들게 된다. 목표가 필요 없다고 생각하며 시간이 흘러가는 대로 살아가는 것이 우리의 현실이다.

목표 없이도 잘 살고 있는데 새삼 무슨 목표를 설정할 필요가 있느냐고 생각할 수도 있다.

그러나 목표가 있다면 동기부여와 열정이 생기고 매사에 쉽게 포기하지 않게 된다. 또한 시간을 낭비하지 않고 성취감을 즐기며 생활할 수 있다.

목표는 타인이 강제로 세워준 것이 아닌 자신이 소망하는 것이어야 한다. 자신이 소망하는 목표는 어려움이 생기면 극복할 수 있는 에너지를 준다.

목표는 긍정적이고 달성 가능해야 하며, 자기 자신의 것이어야 한다. 자신이 열렬히 바라는 것이어야 한다. 목표를 설정하는 단계를 보면 자신이 소중하다고 생각되는 꿈을 명확히 한 후, 꿈을 구체화시켜 목표 달성을 위한 구체적 방안을 수립하고, 구체적으로 실천계획과 시한을 정한다. 목표는 긍정적이고 달성 가능한 목표인지 확인하여야 한다. 긍정적인 행동은 머릿속에서 상상할 수 있지만 부정적인 행동은 상상할 수가 없다. 긍정적이어야 정신적인 영상이 행동을 일으킬 수 있다.

목표는 글로 구체적으로 작성해야 자신의 생각을 정리할 수 있다. 꼭 성취하고 싶은 목표가 있기에 적극적으로, 열정적으로 삶을 개척하고 끊임없이 자신을 동기 부여시켜 자신의 잠재된 에너지를 집중하게 한다. 생각한 것은 목표를 세우고 목표를 구체적으로 계획하며 계획한 목표는 행동한다. 목표를 행동으로 실행할 때

세분화하고 우선순위를 정해야 한다. 오늘 끝내야 하는 중요한 일은 무엇이며 가장 먼저 해야 하는 일은 무엇인가? 이루고자 하는 것을 구체적으로 정하고 일을 끝내는데 필요한 시간을 예상해서 목표를 완결하는 마감시한을 정한다. 일을 끝내기 위해 필요한 시간이 현실적으로 적합한지도 고려한다.

끝낸 일과 끝내지 못한 일의 목록을 만들어 점검하고 자신에게 격려와 칭찬을 해주자. 큰 꿈을 이룬 사람의 공통점은 꿈을 잊지 않고 사소한 목표라도 소홀히 하지 않으며 시작하면 끝을 내는 습관을 가졌다는 것이다. 큰 목표를 생각하고 중간목표를 성취로 이끌어내며 장기목표를 이루어 행복한 자신의 모습을 그려본다. 반드시 생각을 정리하여 글로 구체화시켜야 하고 매일 꾸준히 점검해야 한다.

글로 쓰면 갈등이 없어지고 집중력이 생기게 되며 자연히 시간도 절약된다. 아무리 잘 만들어진 목표라고 하여도 실행하지 않는다면 무용지물이다. 매일 실행하고 점검해야 한다. 반드시 구체적으로 작성하여 잘 보이는 곳에 붙여놓고 매일 실행여부를 확인하고, 실행하였으면 자신에게 용기를 주고 격려를 해주며 칭찬해주자.

그리고 여기서도 시각화는 필요하다. 목표가 달성되었을 때를 선명하게 상상하고 매일 점검한다. 실행하고 분석하고 다시 실행하고 분석해야 한다. 처음에는 익숙하지 않아 힘이 들겠지만 반복하게 되면 그때는 의도적으로 하지 않아도 잠재의식 속에 작용하고 있기 때문에 습관화할 수 있게 된다. 잠재의식은 가슴 뛰는 정보를 잊지 않는다. 기회는 누구에게나 찾아올 수 있지만 찾아온 기회를 누구나 잡을 수 있는 것은 아니다. 기회를 알아보고 잡을 준비가 되어 있는 사람만이 늘 자신의 꿈과 목표를 생각하면서 그 방법을 찾아내며, 의식이 자신도 모르게 꿈과 목표 쪽으로 향해 있게 되는 사람만이 기회를 재빨리 자신의 것으로 만들 수가 있다.

인지와 기억 잠재능력의 관계가 밝혀지고 있다. 기억을 향상시키기 위해 큰 역할을 하는 것이 뇌의 해마라는 부분으로, 해마는 뇌에 담긴 정보를 자기 스스로 단기기억으로서 저장함과 동시에 그것을 장기기억으로서 대뇌피질에 기록할 것인가를 검토하고 변환하는 곳이다. 재능도, 운도 뇌에 입력된 기억 데이터에 의해 좌우된다. 거기에 입력된 데이터가 그 사람의 우수성을 결정짓는 것이다. 가장 행복하게 웃었을 때의 얼굴, 최고의 기분이었을 때를 자주 떠올리기만 해도 몸과 마음은 민감한 반응을 보이고 결국 당신의 인생자체가 좋은 방향으로 변화하게 된다.

꿈이 실현되면 내 인생에는 어떤 좋은 일들이 일어날까? 꿈과 성공의 매력을 당신이 얼마나 강하게 느끼느냐가 중요하다. 사람은 자신이 오랫동안 상상한 대로의 인간밖에 되지 못한다는 말이 있다. 자신에게 얼마만큼의 능력이 있다는 생각을 하면 그만한 능력이 있는 인간이 될 수 있다. 자신에 대한 신뢰는 인생을 살아가는데 있어 가장 든든한 동반자가 되어 준다. 잠재의식은 가슴 뛰는 이미지를 잊지 않는다. 지식, 문제해결 능력 등 모든 기억이 저장되며 정신적 습관이 작용한다. 우리가 배우는 모든 것들은 배울 때마다 자동화가 되고 잠재의식에 저장된다.

두려움, 절망 등 부정적인 생각을 갖는 것이나 희망, 확신 등 긍정적인 마음을 갖는 것도 습관이다. 잠재의식 속에서 이미 자동화되어버린 부정적인 습관을 바꿔야 진정으로 원하는 삶을 살 수 있다. 잠재의식은 상상과 현실을 구분하지 못하기 때문에 잠재의식에 깊이 새겨두면 각본대로 멋지게 연기한다.

성공한 사람들의 공통점은 목표를 명확하게 글로 구체화시킨 사람들이다. 목표를 설정하지 않는 이유는 나약한 자신감과 두려움, 무책임 때문이다. 그래서 우리는 목표설정을 하지 않으려 한다. 목표를 세워놓고 이루지 못하면 어떻게 할까? 이것은 나약함과 자신의 인생에 대한 무책임이다.

실패에 대한 두려움을 갖는 사람은 실패를 모면하기 위해 목표설정을 하지 않거나 도달할 수 없는 목표를 세워놓고 자신을 합리화한다.

SMART 원리를 이용하라!

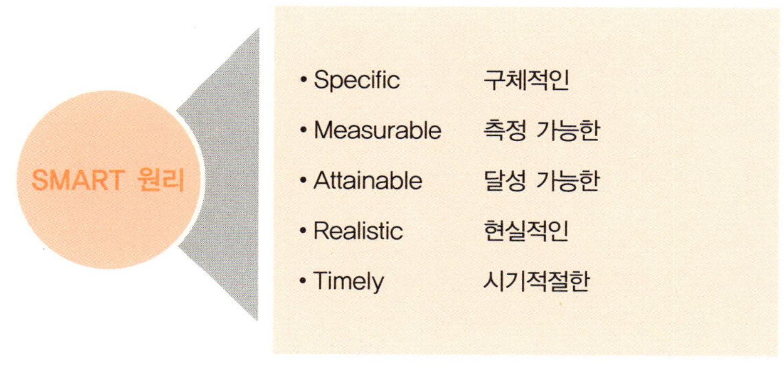

목표를 설정하는 이유

목표를 설정하지 않는 이유

1. **두려움** : 잘못된 결과가 나타나는데 대한 두려움 때문에 안전하게만 하려고 한다.

2. **나약한 자신감** : 자기 자신에 대한 믿음이 강하지 않기 때문에 도전할 용기가 나지 않는다

3. **무책임** : 자신의 실패를 자신의 잘못이 아닌 다른 것, 혹은 다른 사람의 탓으로 돌리는데 익숙해 있다.

4. **무지함** : 자신의 가치관과 인성의 목적에 일치하는 올바른 목표설정 방법을 모르기 때문이다.

5. **부정** : 과거의 잘못된 목표설정으로 효과를 보지 못한 경우 잘될 것이라는 확신이 없기 때문에 계획 세우는 것 자체를 부정한다.

SMART 목표 설정

목표 달성일 :

목표(구체적, 측정 가능한, 달성 가능한, 현실적인, 시기적절한)		

예상장애물	가능한 해결 방법

목표를 달성하기 위한 구체적인 행동계획			목표일

이 목표를 위한 다짐

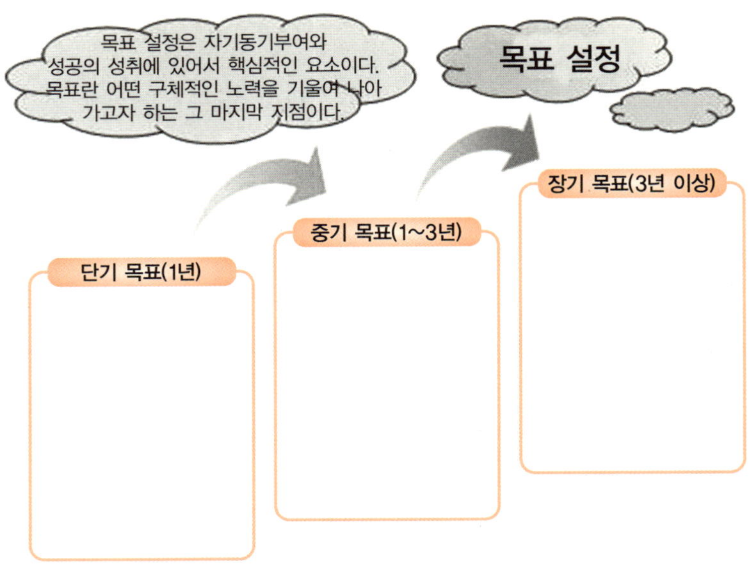

오늘 내가 해야 할 일

날짜 :　　　.　　.　　.

우선 순위	내 용	실행 여부
1		
2		
3		
4		
5		

긍정의 사다리를 가동하자

　어떤 목표를 왜 추구하는지 이유를 꼼꼼히 따져 본다면 목표의
성취가 내가 진정 원하고 필요로 하는 것을 줄 수 있는지 알 수 있
다. 이 목표를 추구할 때 내가 얻는 것과 잃는 것은 무엇인가? 자
신에게 질문을 통해 최종결정을 내리는데 도움을 얻을 수 있다.
　중대한 목표의 추진은 현재의 자신과 미래의 자신에게 영향을
준다. 목표를 이룸으로써 누리게 될 것들을 구체적으로 생각하라.
목표 성취에 따르는 성과를 구체적으로 상상하는 것도 목표를 결

정하는데 도움을 준다. 이 목표가 성취가 되면 경력, 재정면, 개인 생활, 사회생활에는 어떤 변화가 있을까를 생각해본다. 내가 설정한 목표를 성취하게 되면 자신의 존재감을 확인하게 되고 성취감을 갖게 한다.

자신에게 질문을 해보고 장애물을 파악하고 극복할 수 있는 해결책을 적어본다.

목표 추구에 따르는 부정적인 면은 맞게 될 어려움, 어떤 희생 감수, 재정상황은 어떤 타격을 입을 것인가?

나의 문제는 무엇인가?

목표에 대한 솔직한 느낌은 어떠한가?

나는 구체적으로 무엇을 이루고 싶어 하는가?

일단 목표를 이룬 다음에 무슨 일을 하고 싶은가?

내일의 목표를 위해 오늘 할 수 있는 일은 무엇인가?

이 목표가 이루어지면 나의 중간 목표와 장기적 목표를 이루는데 도움이 되는가?

다음 주나 다음 달 혹은 다음 해의 내 목표를 이루기 위해 오늘 할 수 있는 일은 무엇인가?

목표를 이룰 때까지 의지를 굽히지 않기 위해 어떻게 해야 할까?

목표를 이루고 난 후 적절한 보상은 무엇인가?

내가 목표를 성취할 수 있게끔 도와준 사람은 누구인가?

내가 가장 소중히 여기는 사람들을 위해 해줄 수 있는 일은 무

꿈을 이룬 내 모습을 상상하고 성공에 대한 소감을 짧게 써서 그것을 잘 보이는 곳에 붙여놓고 연습해보자.

스스로에 대한 자신감이 있을 때 다른 사람들도 나와 나의 목표에 대해 신뢰한다.

성취동기가 낮은 사람은 실패에 대한 두려움을 갖고 살아간다. 목표도 도전도 없다. 성취동기가 높은 사람은 목표를 세우고 만약 실패하면 원인을 분석하고 탐구한다. 자신의 능력을 인정하며 열심히 노력하면 성공할 수 있다는 확신을 갖고 살아간다.

자아존중감(self-esteem)은 자기 가치에 대한 판단으로 내가 나를 어떻게 생각하는가? 자신의 특성, 능력, 행동에 대해 부여하는 가치를 말한다. 자존감은 내가 얼마나 존중받는 존재인가? 하는 것인데 나는 높은 자존감을 가지고 있는지, 낮은 자존감을 갖고 있는지 생각해 보자. 이기심하고는 다른 자신을 자랑스럽게 생각하고 사랑하도록 자기능력에 대한 자부심이 있어야 한다. 개인의 자존감은 어린 시절 형성되어 길게 간다. 자아존중감이 낮은 사람들은 긍정적인 상황에서는 긍정적이지만 부정적인 상황에서는 부정적으로 변하게 된다.

자아존중감이 높으면 자신감, 행복감, 만족감이 높다. 높은 자존감은 긍정적 자기 이미지를 형성하고 낮은 자존감은 부정적 자기 이미지를 형성하게 된다. 낮은 자존감은 자신에 대해 부정적 기대를 하고 낮은 노력과 높은 불만으로 행동에 대해 실패를 하게 된다. 실패를 하고 나면 '나는 못났어, 나는 매번 실패만 해, 나는 멍청이야' 등 자기비난을 하게 되고 또 낮은 자존감으로 이어지는 수행의 악순환이 계속된다. 높은 자아존중감은 현실적으로 성취를 하고 정서적으로 풍요롭고 생산적이고 단점도 수용한다. 이것이 연속되어 인생이 된다.

자아존중감은 자기 효능감과 대인관계로 만들어져 있다. 자기 효능감이 높아지면 자아존중감도 높아진다. 어린 시절 형성된 자아존중감을 높이는 방법 중 자기효능감을 높이는 방법을 교육심리학자인 반두라(Albert Bandura)는 숙달과 성취의 경험을 강조하는데 작은 일을 계속 성취하는 것이 중요하다고 했다. 작은 목표를 구체적으로 세우고 성실히 수행하는 것이 중요하다.

목표를 달성하려면 자기조절 즉 자신을 통제하는 것이 중요한데 자기조절감 핵심에도 자기효능감이 작용한다.

반두라(Albert Bandura)는 "성공 문제해결 적응을 위해 필요한 심리적 변인이다."라고 주장했는데 자기효능감(self-efficacy)은 자신의 행동능력에 대한 믿음으로 행동을 성공적으로 수행할 수 있다는 신념으로 높은 자기효능감(내가 어떤 일을 할 수 있다는 확신과 자신감)을 가질 때 일을 수행할 수 있다고 믿는 반면 낮은 효능감은 그러한 행동을 할 수 없다고 생각한다.

높은 자아존중감은 힘든 일을 겪는 에너지로 문제 상황 시 문제 해결 능력이 있고 어려움이 닥쳐도 굴하지 않고 위기를 극복하는 힘이 있다.

– 사명지침서

큰 꿈을 꾸면서도, 자신의 사명지침서를 작성하는 사람들은 드물다.

사람들은 제 각각 인생의 목적과 가치가 다르다. 사명서는 비전, 목표, 가치관을 설정하고 나아갈 방향을 제시한다. 사명은 살아가는 이유이고 비전은 삶의 방향을 설정해주는 가슴 뛰는 청사진이다. 성공한 삶으로 보장하는 약속이 바로 사명이기 때문이다.

사명지침서는 자신의 인생에 있어 가야 할 인생의 항로를 정해주는 나침반 같은 역할을 한다.

의사결정이나 행동하는 방법을 결정하는데 있어서 지침이 된다. 가장 원하는 것, 가장 가치 있는 것, 잘하는 것, 내가 이루고 싶은 것 등을 적어보면 자신의 존재의미 즉 내가 살아갈 방향과 방법을 설정하는데 길잡이가 되어 주는 역할을 한다.

내면 깊숙한 곳의 욕구를 알게 되고 자신의 삶에 중요한 것이 무엇인지 알 수 있는 계기가 된다. 목표를 마음속에 각인시켜주어 꿈을 이룰 수 있는 열정과 에너지를 풍부하게 해준다. 자신의 삶에서 원하는 것을 선명하게 상상하며 실현할 수 있게 한다. 마음이 안정감을 느끼고 삶에 대해 확고한 신념을 갖고 자신의 잠재력을 발휘하고 장점을 극대화시킨다.

사명서를 작성하게 되면 자신의 존재의미와 삶에 대해 생각해 보는 시간을 갖게 된다. 자신에게 어떤 것이 중요한 것인지 가치관과 목표를 선명하게 각인시켜준다. 설계한 꿈을 이루려는 열정을 주고 꿈을 도달할 수 있게 에너지가 생기게 한다.

삭티 거웨인은 "그렇다고 생각하면 진짜 그렇게 된다."고 했다.

사명선언서

사명선언서(Mission Statement)는 살아가야 하는 의미와 목적에 대한 자신의 견해를 간결하게 나타낸 문장이다.

사명	일생의 임무	mission
가치관	삶에 대한 근본적인 태도	value
비전	기간이 정해진 꿈	vision
장단기 목표	10년 이내에 이루어야 할 일	goal
계획과 실행	짧은 기간 내에 이루어야 할 목표와 행동	plan / do

어린 시절 가장 잘했던 일이 무엇인가?

나의 어릴 적 꿈은 무엇이었는가?

내가 가장 잘할 수 있고 흥미를 느끼며 하고 싶은 일은 무엇인가?

가장 가치 있다고 생각하는 것은 무엇인가?

나는 어떤 사람이 되고 싶은가?

나는 주변 사람들에게 어떤 도움을 주고 싶은가?

내가 꿈꾸는 삶은 어떤 삶인가?

내가 꿈꾸는 대로 삶이 전개되었을 때 나의 느낌은 무엇인가?

어떤 부모가 되고 싶은가?

등을 생각하고 적어보자.

간결하고 쉽게 이해할 수 있는 문장이면 좋다.

자기사명서는 자신의 존재와 삶의 목적을 구체적으로 작성한 인생지침서이다.

피터 드러커는 사명서를 "자신의 장점을 파악하여 가치관과 인생의 목적에 맞는 일을 하는 것이다."라고 하였다. 자기 사명을 가지게 되면 자신이 해야 할 행동을 알게 되어 비전과 가치관이 명확해진다. 자신의 목표를 세우게 해 줄 기본 방침이 있게 된다.

사명선언서를 만들고 자신의 사명을 정리하게 되면 자신에게 중요하고 소중한 것이 무엇인지 자신의 인생목적을 정립할 수 있게 되고 꿈을 이룰 수 있는 열정과 능력을 풍부하게 해준다. 가치관 목적의식을 각인시켜 안정감과 충족감을 느끼며 구체적이고 명확한 자신의 목표가 있기 때문에 장점을 극대화 할 수 있게 된다.

사명서는 존재 및 살아가는 이유를 공식적으로 밝히는 문서이고 인생의 나침판이다.

원하는 것이 무엇인지 그 뜻을 이루기 위해 어디로 가야 하는지 어떤 사람이 될 것인지와 삶의 프로그램을 구체적으로 조정하는 셀프 코치가 되는 것이다.

내 삶의 목적, 내가 만들어 가야 할 세상과 재능을 활용해서 해야 하는 일, 하고 싶은 일, 잘할 수 있는 일, 문장으로 만드는 것이다.

사명서는 인생에서 중요한 결정을 내릴 때마다 판단 기준이 된다.

가족사명서 작성 방법

1단계 가족이 함께 모여 가족 모두에게 다음과 같은 질문을 던져보자.

우리는 어떤 가족이 되고 싶은가?

우리는 가정에서 어떤 느낌을 갖고 싶은가?

우리는 서로를 어떻게 대하고 싶은가?

서로 어떻게 말하고 싶은가?

우리 가족에게 진정으로 소중한 일은 무엇인가?

우리 가족의 가장 우선적인 목표들은 무엇인가?

가족 구성원으로서 우리의 의무는 무엇인가?

우리는 가족으로서 어떻게 이 사회에 공헌할 수 있는가?

의견을 이야기하고 적어보자.

이 과정에서 아이가 초등학생 이상이라면 같이 참여시키자.

가족회의를 통해 가족사명서를 작성하게 되면 상대방의 의견을 존중하고 경청하게 된다.

소극적인 아이는 회의를 진행하게 한다. 발표력을 키우게 되는 훈련이 된다.

산만한 아이는 기록을 하게 한다. 발표한 내용을 요약하여 기록해야 하므로 체계적이고 논리적인 훈련을 하게 되고 능력이 개발될 수 있게 된다.

2단계 가족사명서를 작성하자.

가족사명서는 우리 가족이 어떤 가족인지를 말해주는 것이다.

우리 가족의 가치와 신념이 그 속에 들어 있으며, 우리는 그 사명서에 따라 살아갈 준비가 되어 있어야 한다.

의견들을 토대로 정리하여 우선순위를 적어보자.

미흡하면 일주일 동안 각자 생각하고 적어 본 후 다시 가족회의를 열 수도 있다.

다소 오랜 시간이 걸려도 조율하고 토론해서 완성하자.

가족사명서(예)

1. 각자의 목표를 성취하기 위해 서로 도와주고 격려한다.

2. 서로의 독특한 개성을 존중한다.

3. 사랑과 친절과 행복한 분위기를 만들기 위해 노력한다.

4. 화를 내기보다는 항상 서로간의 갈등을 해소하려고 노력한다.

5. 언제나 가족들에게 서로 친절하게 대하고 존중하며 협조한다.

6. 서로를 조건 없이 사랑한다.

7. 언제나 돌아오고 싶은 집으로 만든다.

개인사명서(예)

1. 나는 책임감 있는 배우자와 부모가 되며 이 역할들에 우선권을 둔다. 특히 나의 아이들이 사랑하고 열심히 배우며 가치 있는 목표들을 달성하고 또 웃으며 살도록 가르친다. 그리고 그들의 능력을 개발하도록 도와준다.

   나의 가정은 나의 가족, 친구, 손님들이 기쁨과 행복을 누릴 수 있는 장소가 되도록 한다.

나는 나의 가정을 활기 있고 안락하게 하며 깨끗하게 잘 정돈
된 환경으로 만든다.

가정과 직업 두 가지는 모두 중요하기 때문에, 이 둘의 균형
을 유지하도록 최선의 노력을 한다.

2. 나는 사람들과 조직의 장래 발전을 돕는 데 영향력을 행사하
고 싶다.

사람들을 사랑하고, 현재의 한계점을 넘어서서 배우고 삶을
계획할 수 있도록 도와주고 싶다.

3. 나는 먼저 이해하도록 노력한다. 행동의 근원이기 때문이다.

4. 나는 끊임없이 배우도록 노력한다. 배움은 성숙의 근원이 되
고 성숙은 삶의 열쇠이기 때문이다.

5. 나는 인생의 목표를 성취하는 데 있어 주도적이고 자발적인
사람이 된다. 여건이나 기회를 적극적으로 활용하여 가만히
앉아서 일이 해결되기를 기다리지 않는다.

6. 나는 매일매일을 새로운 각본을 쓰고 새로운 기회를 잡는 새
출발점으로 본다. 인생의 경험을 소중히 여기며 그것을 장점
으로 생각한다. 매일의 생활에 도전과 책임을 회피하지 않
고, 적극적으로 생활한다.

7. 타인을 배려하고 봉사와 자선을 통해 다른 사람들의 삶을 돕
는데 나의 재산과 재능을 사용한다.

사명선언서 작성방법 예시

나의 사명은 열정, 배려, 전문성을 바탕으로	(갖고 있는 덕목)
최고의 동기부여 전문가, 성공한 사업가로서	(하고 싶은 것)
사람들이 행복하게 살고 기업이 지속적으로 성장하도록 지원하고 이를 통해 글로벌 리더가 되게 만드는 데 있다.	(되고 싶은 것)

↓

나의 사명은 열정과 전문성을 바탕으로 개인 행복과 조직 성공을 지원하는 미래 세계 최고 동기부여 전문가

실습하기

	(갖고 있은 덕목)
	(하고 싶은 것)
	(되고 싶은 것)

↓

나의 사명은

이다.

PI(personal identity) 정립하기

변화

| mission / spirituality | 삶의 목적 |

| identity
 나는 누구이며, 나 자신을 어떻게 보는가? | 나는 누구인가? |

| beliefs / values
 왜 나는 이 일을 하는가? | 자신이 소중히 여기는 것, 옳다고 믿고 있는 것 |

| capability
 과업을 나는 어떻게 할 수 있는가? | 가능성과 기술, 방법, 전략 |

| behaviour
 나는 무엇을 해야 하는가? | 구체적 활동, 행동 |

| environment
 나는 어디서, 언제 이 일을 하고 있는가? | 주변적 요소 - 환경 (기회, 제약) |

PI(personal identity) 정립하기

변화 ↑

mission / spirituality	세계 최고 동기 부여 전문가
identity 나는 누구이며, 나 자신을 어떻게 보는가?	행복한 성공을 함께하는 CEO
beliefs / values 왜 나는 이 일을 하는가?	행복하고 풍요로운 삶을 지원
capability 과업을 나는 어떻게 할 수 있는가?	동기부여 능력, 강의 능력, 책 쓰는 능력
behaviour 나는 무엇을 해야 하는가?	NLP테크닉과 기술을 응용한 프로그램 개발, 대중화 교육
environment 나는 어디서, 언제 이 일을 하고 있는가?	기업체, 대학교, 공공기관, 센터에서

PI(personal identity) 정립하기

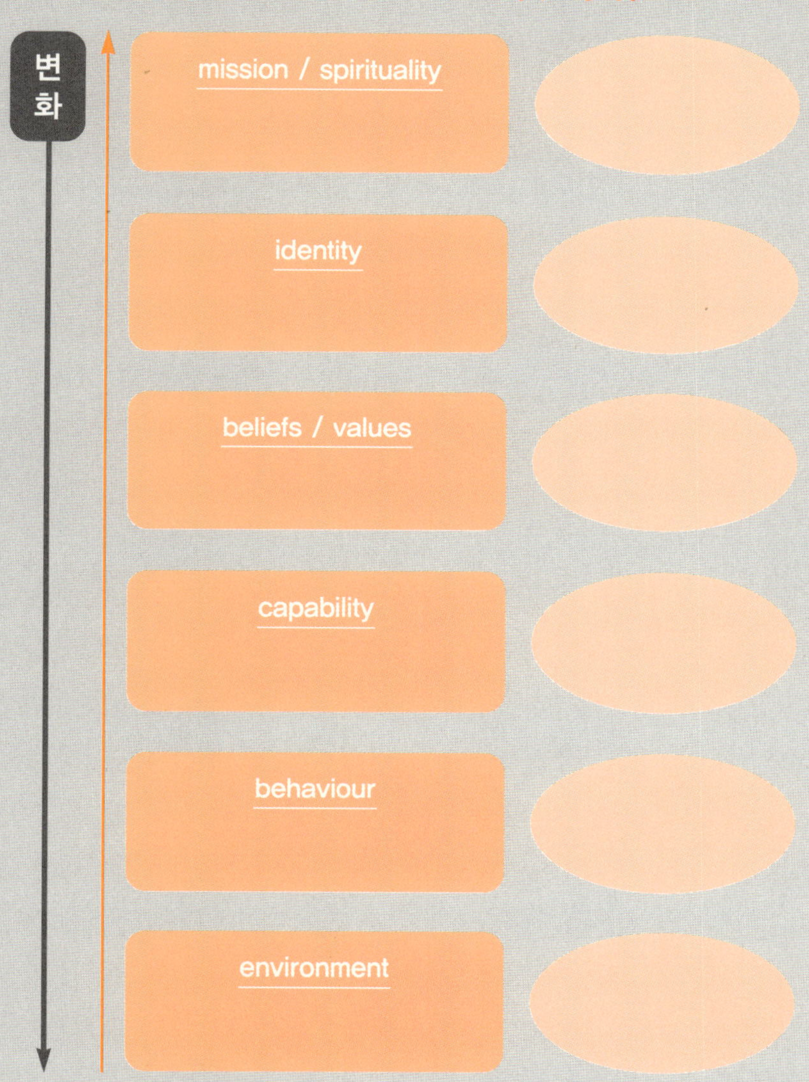

3

행복 내비게이션 코칭

습관부터 바꿔야 한다

매일 아침에 하고 있는 세수와 양치질을 생각해 보자.

아침에 일어나면 무의식적으로 이를 닦고 세수를 한다.

하루라도 하지 않는다는 상상은 할 수 없을 것이다.

어린 시절 형성된 습관은 어른이 된 지금도 습관화되고 일단 습관이 된 행동은 무의식중에 하게 된다. 우리가 원하는 어떤 행동도 습관화할 수 있다.

그래서 성공을 거둔 사람들은 좋은 습관을 많이 갖고 있고 원하는 습관은 장기 기억장치에 저장되고 자연스럽게 이루어진다.

생각은 태도로 나타나고 태도는 행동습관이 된다.

습관의 형성단계는 결심하는 것부터가 시작이다. 그리고 결심한 목표는 예외를 인정하면 안 된다.

오늘은 피곤하니까, 오늘은 약속이 있어서 이런 식으로 자기 합리화를 하다보면 목표는 수포로 된다.

본인이 목표로 세운 것은 주변사람에게 말을 하여 알리며 새로운 자신의 모습을 시각화해 보고 확인하며 점검한다.

성공인의 습관은 말로부터 시작된다.

사람이 생각하는 것은 씨앗이 되어 열매를 맺는다.

봄에 씨앗을 뿌리지 않는다면 가을에 수확의 기쁨을 누릴 수 없듯이, 모든 것은 인과 관계로 이루어진다. 성공을 바란다면 성공할 수 있다는 생각부터 하자. 생각은 행동을 낳고, 행동이 쌓여 꿈꾸어 온 삶을 이루게 한다. 성취를 위한 강력한 접착제인 습관, 적극적이고 긍정적으로 생각하는 습관이 미래를 결정한다.

자신이 꿈꾸는 행복한 삶을 원한다면 습관부터 바꿔야 한다. 사람이 매일 하는 행동 90% 이상은 습관에서 나온다. 습관은 어린 시절부터 차곡차곡 누적되어 형성된 것이다. 어린 시절은 부모의 영향을 가장 많이 받지만, 정체성이 생긴 후에는 오직 자신만이 자기 마음과 습관을 지배할 수 있다.

세상에서 가장 강력한 접착제는 습관이다. 강력하게 붙어 있어 쉽게 떼어지지 않는다. 떼어내려고 하면 많은 노력이 필요하다. 그러나 사람들은 자신에 대한 신뢰가 없고, 익숙한 것이 사라질 때의 두려움 때문에 나쁜 습관을 고치려 하지 않는다. 사람들은 성장하면서 선호하는 행동을 계속 반복한다. 목표 의식이 뚜렷하다면 자신이 원하는 목표를 달성하기 위해 하기 싫은 행동을 참기도 하고 애써 하기도 한다. 그러는 과정 중에 어느 순간 습관이 만들어진다.

그렇다면 습관은 어떻게 만들어지는가? 사고 습관은 실험해보지 않고 형성된 반복적인 관념이고, 행동 습관은 경험에서 얻었던 만족을 다시 얻기 위해 반복하는 행동이다. 처음에는 사고 즉 생각하고 행동하지만, 동일한 행동이 반복되다 보면 사고하지 않아도 행동하게 된다. 예를 들면 초보 운전 시절에는 여러 가지 교통 신호를 생각하며 운전에만 집중하지만, 운전이 익숙해지면 휴대전화도 받고 커피도 마시면서 한다.

바람직하지 않은 습관을 바꾸려면 많은 노력을 해야 한다. 별로 생활에 도움이 되지 않는 습관은 몸에 쉽게 길들여지는데, 좋은 습관은 좀처럼 길들여지지 않는다. 그러므로 자신이 하고 있는 행동에서 만족할 만한 것이 있는지 생각해보아야 한다. 만족할 만한 것이 있고 만족이 계속될 수 있다고 판단되면 삶의 비전과 목표를 달성할 수 있는지 생각해 보아야 한다. 가능하다면 그 행동을 습관으로 지속해도 좋지만, 아니라면 바꾸어야 한다.

습관은 행동형이다. 한 번 몸에 밴 습관은 평생 갈 수 있다. 어릴 때부터 길들여진 습관일수록 더욱 그렇다. 이미 익숙해진 습관 중에서 삶의 질을 낮추는 것이 있다면 과감하게 버려야 한다. 아무 행동이나 습관으로 굳어지는 것을 막으려면, 행동하기 전에 항상 생각부터 해봐야 한다. 생각하고 행동하고, 또 생각하고 그 다음 행동으로 옮기기란 쉽지 않다. 특히 성격이 급한 사람은 더욱 힘이 들 것이다. 그러나 그렇게 해서 삶의 질이 바뀔 수 있다면 노력해봐야 하지 않겠는가?

스티븐 코비 박사가 말하는 성공하는 사람들의 습관에서 '주도적이 되라' 는 개인적 비전의 습관이다. 자신의 인생에 책임을 갖고 행동하라는 의미이다. 꿈의 목록을 작성하는 것은 개인적 비전의 습관이다.

'목표를 확립하고 행동하라' 는 개인적 리더십의 습관과 개인적 가치관 확립을 의미하는 것이다. 성공인의 3%는 항상 구체적인 목표를 수립하고 행동하는 습관이 있다. 소중한 것부터 먼저 하라는 것은 개인관리의 습관 즉 우리의 목표를 구체적인 행동으로 옮기고 시간활용을 잘하라는 것이라고 생각한다.

우리는 매일매일 긴급하고 중요한 일이나, 긴급하지도 중요하지도 않은 일에 많은 시간을 보내고 있다. 긴급하고 중요한 일은 우리가 하루하루 살아가는데 중요한 과정이다. 그러나 중요하지도 급하지도 않은 일에 더 많은 시간을 낭비하며 살아가고 있다.

스티븐 코비 박사가 말하는 긴급하지 않지만 중요한 것을 실행하는 것도 습관이다. 꿈의 목록을 작성하는 일, 꿈을 시각화하는 일, 사명서를 만드는 일, 좋은 이미지 만들기 등은 긴급하지는 않지만 매우 중요한 일이다. 우선순위를 정하고 자신을 뒤돌아보는 습관을 갖도록 하자.

좋은 결과를 그려보는 것도 습관이다

마음가짐이란 오랜 세월에 걸쳐 쌓아온 그 사람의 사고방식을 말한다. 현재까지 기억이나 체험 그리고 습관적으로 계속 생각해 왔던 것이 마음가짐을 형성한다.

행동은 어떻게 생각하느냐에 따라 달라진다. 낙천적 사고는 낙천적 행동을 낳고, 비관적 사고는 비관적 행동을 낳는다. 적극적 사고는 적극적인 행동을, 소극적 사고는 소극적인 행동을 낳는다. 긍정적, 낙관적 사고를 위해 '안 돼'라는 단어를 사용하지 않는다. 부정적 사고를 가진 사람의 정서는 긍정적인 것과 부정적인 것이 있는데, 기본적으로는 부정적인 정서가 더 많다. 부정적인 생각, 두려움, 불평, 불만, 피해의식, 비난, 원망, 우유부단함, 이기주의는 버려야 할 것들이라면, 경청, 칭찬, 신뢰, 존중, 감사,

생각하는 것은 사고의 습관이다. 행복도 습관이기 때문에 항상 감사하고 기뻐해야 한다. "나보다 행복한 사람 있으면 나와 보라고 해!"라고 외쳐보자. 정말 행복한 마음으로 말이다.

습관을 갖고 있다는 것은 몸에 익숙한 무엇인가가 있다는 뜻이다. 태도는 사고의 결과물이며, 사고는 관념에 따라 하게 된다. 습관은 습관으로만 정복이 된다. 스티븐 코비 박사는 "시간이 지나면 우리의 선택은 마음의 습관이 된다. 그리고 이 마음의 습관들은 우리의 시간과 삶의 질에 다른 어떤 요인보다 큰 영향을 준다."라고 하였다.

열정, 긍정적 사고도 특별한 종류의 습관이다. 매사에 열정적이고 적극적이며 긍정적이고 자신감이 넘치는 사람이 있는가 하면 그 반대인 사람도 있다. 사고의 습관에 따라 매사가 달라지고 삶의 질이 차이 나기 마련이다. 좋은 결과를 그려보는 것도 습관이다. 이미지 성공법이라는 것이 있는데, 스포츠계에서도 이미지 트레이닝을 많이 도입해서 훈련하고 있다. 항상 좋은 이미지를 그리려고 하다보면 그야말로 좋은 이미지가 습관이 되는 것이다

물리학에는 관성의 법칙이 있다. 최초로 주어진 힘은 계속 그 힘을 지속한다고 하는 이론이다. 마찬가지로 인간도 최초로 관심을 가지면 그 관심을 지속한다고 한다. 심리적인 관성의 법칙이 작용하기 때문이다.

습관은 하루아침에 형성된 것이 아니다. 아주 어릴 적부터 형성된 관념으로 나타난 결과이다. 한 번 길들여진 행동은 오랫동안 신은 구두와 같아서 편안함을 느끼게 한다. 새로운 신발을 신었을 때의 불편함은 누구나 경험해 봤을 것이다. 하지만 새 신발도 오래 신으면 편안해지는 것도 경험했을 것이다. 아무리 편안한 구두라도 낡아서 못 신게 되면 새 신발을 신을 수밖에 없다. 새 신발이 주는 잠깐의 불편함을 감수하고 나면 또 다시 만족감을 얻을 수 있기 때문이다. 편안함을 주는 습관들이 삶에 만족을 주는 것이 아니라면 새로운 습관을 형성하여 만족스러운 결과를 얻어내야만 한다.

영국의 저술가 새뮤얼 스마일스는 "습관이란 나무껍질에 글자를 새긴 것과 같아서 그 나무가 커짐에 따라 글자도 커진다."라고 했다. 그리고 "세 살 적 버릇이 여든까지 간다."라는 속담도 있지 않은가? 잘못 길들여진 습관의 사슬을 과감히 잘라 버리자. 나쁜 습관은 누구에게나 있기 마련이다. 그러나 그것을 정작 자신은 모르기도 하고, 나쁘다고 인정하지 않고 합리화하기도 한다. 고쳐보려고 했던 습관이 밤늦게까지 텔레비전을 시청하는 것이라면 그 시간에 하고 싶은 일을 적어보자. 매일 늦잠을 자는 것이라면 10분 일찍 일어나서 명상을 해보자.

삶은 변화시킬 수 있다. 가장 하고 싶거나, 하지 않으면 안 되는 것부터 시작해보자. 내일이 아닌 지금 당장 좋은 습관을 길들여 보자. 나쁜 습관을 빨리 고치는 만큼 삶이 행복해질 수 있다.

성공한 사람들은 목표를 행동으로 실천할 수 있도록 글로 써보고 점검하는 습관을 길들인다. 이것이 습관을 바꾸는 행동 과학적 기법이다. 꿈을 기록해보고 목표를 설정하면 강한 목적의식이 좋은 습관을 형성하는 자극제가 된다. 습관은 수확이라는 법칙이 잘 접목되어 있다.

정신분석의 창시자인 프로이드는 인간에게는 현재의식과 잠재의식이라고 하는 두 가지 의식이 있다고 했다. 현재의식은 평소의 의식적인 사고를 말한다. 맛을 보고 맛있다고 느끼는 것, 아프거나 뜨겁다고 느끼는 것, 신문을 읽거나 대화를 하는 등 일상생활에서 느끼는 생각 등이 이에 포함되는데, 사람의 의식 가운데 차지하는 비율은 10% 정도라고 한다. 잠재의식은 의식하지 못하는 부분으로서 사람의 의식 가운데 90%를 차지하고 있다. 잠재의식은 귀중한 의미의 메시지를 보관해 두었다가 적절할 때 사용한다.

예를 들면, 길을 걸을 때는 잠재의식만 작용한다. 오른발이 앞으로 나가면 왼발은 생각하지도 않고 앞으로 나간다.

습관은 바로 이러한 잠재의식으로 비롯된다. 사고 습관이 행동 습관을 낳고, 행동 습관이 인생을 만들어 간다. 긍정적인 생각, 부정적인 생각 등 생각하는 것도 습관이다. 인생을 긍정적으로 보는가, 부정적으로 보는가도 사고 습관이다. 습관이란 몸에 배여 자동적으로 하게 되는 것이다. 언어 습관은 자신과의 대화가 외부로 표현되는 것이라고 하지 않는가?

경영학의 대가 톰 피터스는 "태도가 그 사람의 모든 것이다."라고 했다.

습관 관리표를 만들어 좋은 습관과 나쁜 습관을 적어보자. 그리고 잘하는 것, 잘하고 싶은 것, 고치고 싶은 것도 적어보자. 자신을 객관화하여 돌아보는 시간이 될 것이다. 긍정적인 눈으로 보면 누구에게나 장점이 있다. 좋은 결과를 그려보는 것도 습관이다.

습관 점검표

1. 원하기 때문에 이미 가지고 있는 것(잘하고 있는 것들)
2. 원하지만 아직 갖지 못한 것(잘하고 싶은 것들)
3. 원하지 않은데도 갖고 있는 것(고치고 싶은 것들)

잘하고 있는 것들

잘하고 싶은 것들

고치고 싶은 것들

습관 관리표

성공 습관 만들기

1.

2.

3.

	1	2	3	4	5	6	7	8	9	10	11	12	13	14	15
1															
2															
3															

	16	17	18	19	20	21	22	23	24	25	26	26	28	29	30
1															
2															
3															

자기 이미지 만들기

우리가 사람을 처음 만나면 정보나 단서를 근거로 하여 첫 인상을 형성하게 되는 것을 초두효과(primary effect)라고 하는데 먼저 들어온 정보는 나중에 들어온 정보보다 큰 영향력이 있는 것을 말하는 것이다. 성공인은 자신에 대한 플러스 자기 이미지를 구축하며 끊임없이 그 이미지 향상을 위해 노력하고 있다는 것이다. 항상 좋은 이미지를 그리는 습관은 그야말로 습관이 되는 것이다.

습관은 하루아침에 형성된 것이 아니다. 아주 어릴 적부터 형성된 관념으로 나타난 결과다.

매너도 경쟁력의 시대다. 매력적이란 의미는 외모로만 판단하는 것이 아니라, 얼굴 표정, 옷차림, 자세, 말투, 인사하는 모습,

남을 배려할 줄 아는 너그러움, 상대방의 말을 경청해 줄 수 있는 여유로움 등 여러 가지를 포함한다.

매너는 남을 배려하고 존중하는 마음에서 비롯되며 하루아침에 얻어지는 것이 아니다. 흔한 예로 건물에서 문을 열고 닫을 때 뒷사람을 생각하지 않고 닫아버리면 뒤에 오는 사람은 문에 부딪칠 수도 있다. 문을 열고나올 때 잠시 뒤돌아보고 사람이 있으면 문을 잡아주는 배려는 기본이 아닐까? 그런데 예상외로 많지 않으며, 그런 배려를 받았을 때 "감사합니다."라고 답례를 하는 사람도 많지 않다.

이미지란 타인이 보고 느낀 자신의 모습이다. 이미지는 타고나는 것이 아니라 만들어지는 것이라고 한다. 내가 다른 사람에게 어떻게 보일까? 하는 것은 사람들의 가장 큰 관심거리 중의 하나이다. 누구나 갖고 있는 이미지, 그 이미지를 내적인 이미지와 아름답게 조화시켜 외적으로 훌륭하게 연출하는 것은 현실적으로 매우 중요하다.

이미지를 향상시키고자 하는 사람의 출발점은 먼저 자신을 바르게 아는 일이다. 그래야 자기가 바라는 이미지와 비교하여 어느 부분을 어떻게 향상시킬까 하는 방법도 나오게 된다.

주위의 지인들에게 자신의 이미지를 들어보고 그들이 느낀 자신의 이미지와 내가 원하는 이미지와 비교해보자. 원하는 이미지를 적어도 하루에 몇 번씩 읽어보며 자신이 원하는 이미지를 현실로 만들기 위해 의무적으로 노력을 하자. 남에게 보여주기 위함도 있겠지만 이미지 메이킹을 하면 자신이 행복해지고 자신감이 생기게 된다.

이미지 메이킹에도 시각화를 해보는 것도 중요하다. 원하는 이미지의 사진을 붙여 매일 보면서 거울을 보며 연습을 하자. 디지털카메라로 자신의 표정을 보며 표정 연습을 하면 더욱 효과적일 수 있다. 요즘처럼 바쁜 세상엔 긴 시간동안 일일이 이야기하면서 자신을 알릴 시간이 없다. 한 번 만났을 때 자신의 이미지를 진솔하게 전달할 수 있어야 한다. 사람들 대부분은 다른 사람을 평가할 때 우선 밖으로 드러나는 것으로 판단하기 때문이다. 물론 내면의 모습은 자신도 모르게 표정에 자연스럽게 드러난다.

남에게 좋은 모습으로 오래 기억될 수 있는 사람은 행복한 사람일 것이다. 지금 자신의 표정을 거울로 한 번 보자. 자신이 보기에도 매력적인 모습인가? 그렇지 않다면 지금부터 시도해보자. 계속 연습하다보면 바른 자세, 밝은 표정이 자신의 이미지가 된다. 표정도 평소의 습관이며, 얼굴은 심성의 변화를 표현하는 곳이다.

밝은 표정을 짓는 습관은 인격수양의 중요한 부분이 된다.

목소리에도 표정이 있다

타인과의 만남 시 호감 가는 비결은 먼저 밝은 표정의 미소이다. 미소는 상대방에게 호감을 표현하는 가장 좋은 도구로서 상대방의 마음을 열게 해준다. 명랑하고 활기찬 인사는 자신과 상대방 모두를 기분 좋게 해준다.

얼굴은 '얼의 거울' 의 준말이다. 미소가 있는 얼굴은 상대를 편안하게 하고 인간관계를 좋게 한다. 또 호감 가는 인상을 주게 되고 자신과 남을 즐겁게 해준다. 첫인상은 3∼5초 이내에 결정되며, 오랜 시간 머릿속에 남아있게 하고 그 사람을 판단하는데 중요한 역할을 한다. 좋지 못한 첫인상으로 인해 자신을 표현할 기회조차 얻지 못하는 것처럼 불행한 일은 없다.

얼굴에는 80여 개의 근육이 있다고 한다. 그중에서 웃을 때 사용하는 근육은 50개 정도라고 한다. 얼굴 표정에는 그 사람의 삶의 모습과 인격이 그대로 나타난다. 웃을 때는 눈과 입이 함께 웃어야 한다. 눈은 웃지 않고 입만 웃게 되면 표정이 자연스럽지 못하다. 이미지는 타고 나는 것이 아니라 만들어지는 것이다. 어느 장소에서나 의식적으로 해보자. 처음에는 힘이 들겠지만, 지속되다 보면 자신의 이미지가 되는 것이다. 그렇게 반복하면 습관이 되어 어느 장소에서나 호감 가는 얼굴, 인상 좋다는 이야기를 들을 수 있게 된다.

가장 멋진 나를 만들기 위해 이미지 메이킹을 해보자. 표정이 밝고 생기있는 사람에게는 호감을 느끼게 되고 신뢰가 생긴다. 거울을 보며 웃어 보면 거울 속에서도 나에게 미소를 짓는다. 내가 상대를 보며 웃게 되면 상대도 나를 보며 웃게 된다.

인사를 할 때도 예절이 있다. 공수란 어른을 모시거나 의식 행사를 할 때 두 손을 마주잡아 공손한 자세를 취하는 것을 말한다. 평상시 남자는 왼손이 위로, 여자는 오른손이 위로 가게 하고 흉사 시에는 손의 위치가 바뀌는데 남자는 오른손이 위로, 여자는 왼손이 위로 간다. 인사하는 것을 보면 그 사람의 성품을 느낄 수 있다. 인사는 만남의 첫걸음이며 마음가짐의 외적표현이다. 인사는 내가 먼저 한다고 생각하면 된다.

인사는 상대방에게 존경심과 친절함을 나타내는 표현이다. 상대방이 느낄 수 있는 첫 번째 감동과 인간관계가 시작되는 신호가 된다. 따라서 인사는 상대방을 위한다기보다는 자신을 위한 것이다.

우리나라 사람의 70% 이상은 고개만 까닥하는 인사를 한다고 한다. 허리는 가만히 있고 고개만 까닥하는 경우가 있는데, 이 경우는 윗사람이 아랫사람의 인사에 답례할 때나 적당한 것이다.

성의 없이 말로만 하는 인사, 무표정한 인사 등은 상대방에게 불쾌감을 주게 된다.

명랑하고 활기찬 인사는 자신과 상대방을 기분 좋게 해준다. 인사말로 상대방에게 진심어린 칭찬을 해주면, 상대방은 자신을 칭찬해준 사람을 칭찬하게 되며 자신에게 칭찬해 준 사람에게는 호감을 느끼게 된다.

결국 상대방을 칭찬해주는 것은 자신을 칭찬하는 것과 같다.

인사를 할 때는 상대방의 눈을 보며 표정은 밝게 인사말은 명랑하고 분명하게 한다. 밝은 표정에서 밝은 음색이 나온다.

가벼운 인사는 엘리베이터 안이나 복도, 자주 만날 때, 상체를 15도 정도 앞으로 숙인 후 잠깐 멈추었다가 바로 선다. 일반적인 인사는 상체를 30도 정도 숙인 후 잠깐 멈추었다가 바로 선다. 정중한 인사는 상체를 45도 정도 앞으로 깊이 숙여 보다 정중함을 표현한다.

인사의 기본자세 중 시선은 상대방의 양미간을 보고, 가슴과 등은 곧게 펴며 손은 공수 시의 위치에 하고 발뒤꿈치를 모으면서 인사를 한다. 보다 멋있는 나를 표현하기 위해서는 평소의 노력이 필요하다. 자세가 똑바르면 자신감 있는 사람으로 보이지만 꾸부정하면 그 반대로 보이기가 쉽다.

설 때는 어깨를 펴고 머리를 똑바로 하며 턱을 들고 손을 자연스럽게 양쪽으로 내리도록 노력하자. 꾸준히 연습하여 자연스럽게 몸에 배여 있게 되면 어떠한 자리에서도 당당한 이미지를 줄 수 있다. 얼굴도 근육이기 때문에 트레이닝이 필요하다.

전화예절에 대해서도 알아보자.

전화로만 통화를 하여 상대방의 모습을 모르다가 만남을 가질 경우 마음속으로 상상했던 인물과 아주 다른 사람인 경우를 경험한 일이 있을 것이다. 나는 어떤 이미지를 주고 있을까?

전화 받을 때 자세에 따라서 음성의 생동감도 달라진다. 상대방이 보이지는 않지만 목소리로 그 사람의 모습을 상상할 수 있다. 전화는 보이지 않는 이미지 연출이며, 목소리에도 표정이 있다. 상대방이 항상 눈앞에 있다고 생각하고 응대해야 한다. 밝고, 친근감을 가지고, 따뜻하고, 또렷한 목소리로 전화를 받으면 상쾌한 기분을 느끼게 한다. 인사를 할 때나 전화를 할 때 도레미파솔라시도의 솔 톤으로 하면 밝고 호감 가는 목소리가 될 것이다.

사람들과의 관계는 태도에 따라 결정된다. 타인에게 호감을 주는 좋은 첫인상을 남기는 것은 매우 중요하다.

작은 것 하나에도 남을 배려하는 마음, 존중하는 마음이 필요하다. 세련된 몸가짐, 상대를 배려하는 마음, 격조있는 말투는 품격을 느끼게 하고 존경심을 갖게 한다. 예절바른 사람과 같이 있으면 기분까지 좋아진다.

지그 지글러(Zig Ziglar)는 "당신의 마음속에 무엇이 들어 있는 가가 현재의 당신을 만든다."고 했다.

자신에 대한 신뢰에서 시작한다

나는 누구인가? 라고 반문해 볼 때 긍정적 자아개념(self-concept)을 가진 사람들은 타인의 칭찬과 인정을 통해 형성된다. 자아개념은 자기자신에 의한 의식이나 관념이다. Super라는 학자는 발달과정이 인간의 전 생애에 걸쳐서 이루어지고 변화되는 것이라고 가정하고 개인과 환경과의 상호작용에 의한 적응과정에서 개인의 자아개념이 중요하다고 역설했다. 자아개념은 자신에 대한 생각, 감정, 태도의 복합물을 의미한다. 어린 시절 부모에게 지지와 존중, 사랑을 많이 받고 자라게 되면 스스로 생각한 자신의 이미지가 긍정적이 된다. 자아개념은 세상을 바라보는 눈으로 긍정적 혹은 부정적 행동을 하게 한다.

심리학자 로저스에 따르면 "사람들의 문제는 스스로 타고난 가능성과 잠재력을 발휘하지 못하고 외적으로 부여된 가치 조건들에 맞추어 살려고 할 때 생겨난다."고 하였다. 외적으로 부여된 영향력에 따라 긍정적 자아개념과 부정적 자아개념이 형성될 수 있다. 계속 부정적인 평가와 기대를 받게 되면 자신이 생각하는 자아개념은 부정적이 된다.

부정적 자아개념은 부정적 사고를 자동적으로 갖게 한다. 자아개념은 우리 자신이 만들어 낸 자화상이고 지속적으로 변화한다.

부정적 자아개념의 영향은 심리적으로 불안감을 느끼며 세상에 대한 부정적인 생각과 삶에 대한 의욕상실로 이어진다. 자기주장을 표출하기를 두려워하고 남의 눈치를 보게 된다. 부정적 사고는 자신의 인생창조의 키를 남에게 주고 의존적인 삶을 살게 한다.

자아개념은 선천적인 요인에 의해 형성된 것이 아니다. 어린 시절은 부모의 영향력이 크게 작용하고 자아개념이 형성되지만, 성인이 되어서는 스스로 부정적 자아개념을 극복할 수 있게 된다. 자신에 대해 긍정적인 생각으로 평가하고 자신을 존중하는 것이다. 자신을 사랑하며 완전하지 않은 한계성을 가진 자신을 인정해야 한다. 피동적으로 사는 자신이 아니라 자신의 주장(사고, 느낌)을 적절하게 표현하는 훈련을 해야 한다. 실패를 경험하는 것도 우리를 창의적이고 진취적으로 만들기 위함이고 목표를 완성해가기 위한 하나의 과정이라고 생각한다.

대부분의 사람은 자기 주위에 있는 사람들의 견해 패러다임에 의해 영향을 받는다. 그러나 스스로가 자신을 소중하게 여기며 긍정적 기대를 하는 것이 중요하다.

긍정적 기대는 자신에 대한 신뢰가 필요하다. 긍정적인 기대감을 갖고 살아가는 사람은 불안에 사로잡혀 사는 사람과 구분된다. 자기 확신 즉 자신에 대한 기대도 자신의 능력이며 긍정적 기대는 우리가 가져야 할 인생의 목표이다. 사람은 누구나 남들보다 잘할 수 있는 특성을 가지고 있다. 인생은 우리의 생각하는 대로 만들어진다는 것이다.

성공을 기대하지 않는 자는 성공할 수 없다. 긍정적으로 자신을 기대하면 긍정적인 일이 일어나고 부정적으로 자신을 생각하면 부정적인 일이 일어난다.

성공과 실패는 자신이 자신에 대한 기대감에서 시작된다. 성공인이 되려면 무엇보다 자신에 대한 믿음, 그리고 사물을 긍정적으로 바라보는 마음이 우선되어야 한다. 노력하면 무슨 일이든지 해낼 수 있다고 생각하는 것은 자긍심에서 비롯된다.

자신을 믿고 자신의 노력과 행동을 통해 자신의 능력과 미래에 대해 자긍심을 갖게 된다.

심리학자들은 자신이 자신을 낮게 평가하면 다른 사람들도 낮게 평가하고 능력 없는 사람이라고 생각하고 자신은 그들이 기대하는 대로 능력 없는 사람이 된다는 것이다.

인지 심리학자들은 마음속으로 무엇인가 일어나기를 기대하면 그 일이 일어난다고 한다. 무의식 속에 가졌던 신념은 반드시 현실이 된다. 인생이 행복한 삶이 되려면 인생의 좋은 결과를 상상하고 긍정적인 신념을 가져야 한다. 우리가 인생에서 얻는 것 대부분은 우리가 기대하는 것이기 때문이다. 원하는 것에 집중하자.

긍정적인 기대는 자신에 대한 신뢰가 중요하다.

긍정적인 기대감, 자기 확신은 자신의 능력이다. 우리가 인생에서 얻는 것 대부분은 우리가 기대하는 것이기 때문이다. 원하는 것에 집중하자.

태도는 자신의 마음을 표현하는 심리적 행동이다

태도는 세상을 바라보는 관점과 자신을 바라보는 관점으로 성취와 직결된다.

세상을 바라보는 관점이 긍정적이며 할 수 있다는 태도는 기회가 오면 그 기회를 내 것으로 만들지만 모든 것은 남의 탓이고 그래서 내가 해결할 수 없다는 부정적 태도는 걸림돌로 작용된다. 할 수 없던 일도 할 수 있다고 생각하면 결과는 달라진다. 생각은 행동으로 옮겨지고 자신의 관념에 따라 행동하는 것이 태도다.

태도가 형성되는 과정을 보면 신념은 가치를 통해 태도로 바뀌게 된다. 신념은 자신의 어떤 것에 대한 확신감을 말한다. 신념이란 어떤 사항에 대한 확고한 인식이나 생각으로 어떤 사건이 일어나면 그 사건의 의미를 만들어낸다.

신념은 어떤 사항을 진실로 받아들이고 사실이라고 믿게 한다. 신념의 형성은 어떤 사건으로 형성되고 그 사건으로 인한 느낌이나 생각은 신념을 강화한다.

신념형성은 사건에 의해 우연히 또는 과거의 트라우마, 환경과 문화로부터 경험의 일반화 등에 의해서 나타난다.

의식적, 무의식적으로 부모, 교사, 친구 등의 영향을 받아 신념이 형성된다. 만약 처음으로 학교에 등교를 하던 날 교사로부터 꾸중을 계속 들었다면 학생은 교사는 친절하지 않다는 신념을 가지게 되고 더군다나 다른 교사들까지 그런 행동을 취한다면 이 학생에게 교사는 친절하지 않다는 신념이 강화될 수 있다.

신념형성에는 자아개념이 작용하고 자아개념은 정체성을 형성하는 지도다. 신념은 가치나 태도로 나타나며 행동으로 연결되어 결과물을 만들어 낸다.

신념은 제한된 사고를 하거나 능력을 강화하는데 도움을 주기도 한다.

일반적으로 자신의 가치와 신념이 침해당하면 자율신경계(예: 심장박동수, 동공확장 등)에 무의식적 반응이 일어난다. 사람들과 가치와 신념의 충돌이 일어나면 심장이 두근두근하며 피가 끓게 되어 얼굴이 빨개지며 언성을 높이기도 한다. 인간은 자신의 신념과 태도, 가치관에 일치하지 않는 방식으로 행동할 때 불안감을 느끼고 반응하게 된다.

주변에서 일어나는 사건들은 신념에 의해 해석되고 그 결과가 우리 행동의 강력한 원천이 된다. 신념은 타고난 DNA가 아니고 변하고 개발되면서 만들어진다.

신념은 행동에 강력한 영향을 미치고 동기를 일으키게 된다. 신념은 과거의 경험에서 학습되고 습관화 된 것(가치, 태도 등)으로, 우리의 일상적인 생각과 감정, 행동을 지배하게 된다.

미국 심리학자 윌리엄 제임스 박사는 "신념이 지지하는 마음의 그림은 잠재의식에 의하여 현실화시킨다."라고 강조한다. 마치 마술 상자와도 같이 무엇이든 생각하는 일은 반드시 그 생각대로 된다는 것이다.

믿음들을 선택하자

새로운 행동을 실제적으로 실행하고 즐기고 있는 당신을 상상해 보자. 당신의 새로운 자아 이미지를 점차적으로 만들 것이고 이것은 실제 당신의 새로운 모습이 될 것이다. 예를 들면 '나는 온화한 사람이다, 나는 행복하다, 나는 멋진 사람이다', 당신에 대해 사실이고자 하는 문장들이고 사실이 될 것이다. 앞서 말한 것처럼, 당신은 이미 사실인 것처럼 현재 시제를 사용해야만 한다. 옛날의 부정적인 믿음을 가지고 행동을 하고 있고, 혹은 생각하고 있는 자신을 발견할 때는 당신 머릿속의 목소리를 멈추고 새로운 긍정적인 문장으로 즉각적으로 바꿀 필요가 있다. 자신이 해 왔던 지금까지의 잘못된 패턴을 인식하고 그것을 깨뜨리고 나서 긍정적인 믿음으로 대치시키자.

옛날의 부정적인 목소리는 즉각적으로 멈춰야 한다. 아직 진실이 아닐지라도 새로운 긍정적인 문장들로 대치시켜야 한다. 새로운 긍정적인 믿음이 주는 세상을 경험하고 느껴 보자. 마치 이미 그것들을 가지고 있는 것처럼 이러한 생각들을 즐겨보자. 자신이 이미 잘해 왔던 것을 찾고 그 능력에 대해 자신을 칭찬해보자. 그리고 새로운 긍정적인 문장들을 더함으로써 칭찬을 쌓아 가자.

만약 부정적인 생각들이 자신의 마음속으로 들어온다면, 자신에게 말하자. "그 생각을 지우고 나는…" 그리고 새로운 문장들을 덧붙이고 자신에 대한 새로운 믿음으로 대치시키는데 집중하자. 자신에 대한 믿음들을 믿기 위해 선택하고 그래서 그것들을 바꾸기 위해 선택할 수 있다.

동기부여를 하는 앤서니 라빈스는 "당신은 운명을 만드는 결정을 하는 순간에 놓여 있습니다. 결정하는 중요한 순간들 중 하나는 당신이 부정적인 믿음을 믿지 않기로 결정한 때이고 그리고 나서 당신이 똑같이 하도록 도와주는 때입니다. 당신이 할 수 있기를 원하는 것을 매우 잘한다고 생각하는 사람을 생각해 보십시오. 지금 그 사람을 모델로 생각 하십시오. 거울(개인적인) 앞에 서 있고 그들의 몸짓, 말투, 웃음, 숨 쉬는 것, 움직임 그리고 당신이 생각할 수 있는 다른 것들을 모방 하십시오."라고 했다.

4

긍정적 정서관리
코칭

마음의 프레임

우리 세대의 가장 위대한 발견은 인간이 자신의 마음가짐을
바꿈으로써 삶을 바꿀 수 있다는 사실을 발견하는 것이다.

– 윌리엄 제임스

자신이 세상을 바라보는 틀에 따라 행복과 불행을 느끼게 되고,
세상은 합리적이거나 비합리적이라고 말하게 된다. 자기 자신에
게 행복함을 주는 프레임으로 하는 발상의 전환이 필요하다. 프레
임에 따라 자주 사용하는 언어도 긍정적 언어, 부정적 언어로 다
르게 사용한다. 언어는 의사소통은 물론 인간의 감정을 표출하는
수단이고 대상을 인식하는 수단이기도 하다. 인간은 모든 경험을
언어로 표현하고 언어는 마음의 내용으로 뇌신경과 밀접한 관계

가 있어 신경과 언어는 뇌신경계 안에서 상호영향을 준다.

한 사람의 언어는 그 사람의 프레임을 결정한다. 프레임에 따라 긍정적 언어, 부정적 언어를 사용한다.

내가 어떤 색깔의 안경으로 보느냐에 따라 사건을 바라보는 의미가 달라지듯이 내 마음의 틀이 긍정적이냐 부정적이냐에 따라 태도가 달라진다. 같은 상황을 보더라도 마음에 따라 다르게 보이고 다르게 느껴진다. 내 마음의 세상을 바라보는 관점이 중요하다.

세상을 보는 마음의 틀이 결과구조로 보는 사람과 비난구조로 보는 사람으로 구분된다.

비난구조는 우리가 진정으로 원하는 결과를 생각할 수 없게 하며 문제 속으로 빠지게 하고 방어적 사고에 집중하게 되어 긍정적 해결책을 찾기 어렵다. '무엇이 잘못됐지? 언제부터 잘못된 거야? 누구 잘못이야? 왜 이 문제가 일어났지?' 라고 부정적인 시각으로 바라본다.

그러나 결과구조는 긍정적으로 원하는 것을 확인하고 올바른 결정과 선택을 하도록 유도한다. 성취하고 싶은 것, 자신에게 중요한 것, 자신이 목표한 것들에 집중하게 한다. '무엇을 달성하길 원하지? 행동의 이면에는 목적이 무엇이 있었지? 어떤 것이 만족감을 줄 수 있지? 어떻게 목표를 성취한 것인가? 목표를 달성하기 위해 지금부터 무엇을 시작해야 할까?' 라고 결과를 생각하여 행동한다. 상황을 표현하는 방법에도 차이가 있다.

'난 왜 이렇게 가난한 거야?' 라고 말하는 것이 아니라 잘살고 싶다는 결과에 주목하고 오감을 모두 사용해서 목표와 원하는 상태에 대해 생각한다. 물론 많은 장애물이 문제로 제기될 수 있다. 그러나 성공 프레임으로 '무엇이 문제인가? 그렇다면 무엇을 할 것인가?' 하고 중대한 문제를 적어보고 자신의 목표를 적어보는 것이다

문제란 목표를 달성하기 위해서는 해결해야 하기 때문에 해결책을 생각하고 극복하기 위한 방법들로 목표를 세운다. 성취하고 싶은 것, 자신에게 중요한 것, 자신에게 관련된 구체적인 것들에 집중하게 한다.

그러나 '난 왜 이렇게 가난한 거야?' 는 비난구조의 프레임이고 '나는 잘살고 싶어' 는 결과구조의 프레임이다. 결과구조 프레임은 성취하고 싶은 것에 집중하기 때문에 원하는 것을 확고하게 해 준다. 목표를 얻게 됨으로써 얻게 되는 궁극적 이익을 구체화해 표면화한다. 오감을 모두 사용해서 목표와 원하는 상태에 대해 생각한다.

매일 경험하는 현실이라는 것은 오감(시각, 청각, 촉각, 후각, 미각)을 통해 정보를 받아들인다. 오감은 우리 경험의 바탕이고 우리가 이 세상과 만나는 통로이며 이것 없이는 세상을 경험하지 못한다는 사실이다. 오감은 마음을 만들어 내고 들어오는 외부감각 정보를 우리 각자의 뇌신경계가 처리하여 만들어내는 주관적인 마음의 지도에 따라 부호화되고 조직화되며 의미가 부여된다.

성취하는 사람과 실패하는 사람의 프레임 차이는 실패하는 사람의 프레임은 성취감을 맛보기보다는 실패할 때 망신당하지 않을까를 먼저 생각하고 잘못된 원인을 타인 탓을 하며 실패할지 모른다는 두려움으로 회피를 한다.

자아 개념이라는 것도 단 하나로 고정되어 있는 것이 아니고 프레임에 따라서 그때그때 달라진다. 그 프레임은 사소한 요인에 의해서 결정된다.

스스로 위대하다고 생각하는 사람은 그렇지 않은 사람에 비해 월등한 성과를 만든다. 자신의 태도는 자신의 표정이고 몸짓 자세를 통해 내가 느끼고 생각하는 바를 말해준다. 자신에게 주어진 사건들은 내가 그것을 어떻게 해석하고 어떤 의미를 부여하는가에 따라 달라진다.

미국 예일대학교 스턴버그 교수는 어리석음의 첫 번째 조건은 자기중심성이라고 한다.

자기라는 프레임에 갇힌 우리는 자신의 의사 전달이 항상 정확하고 객관적이라고 믿는다. 내가 정확하다고 믿는 것도 다른 사람의 프레임에서 보면 애매하게 여겨질 수도 있음을 명심하자.

제한적 신념들

자기라는 프레임에 갇힌 우리는 우리의 의사 전달이 항상 정확하고 객관적이라고 믿는다. 자아개념이라는 것도 단 하나로 고정되어 있는 것이 아니고 프레임에 따라서 그때그때 달라진다. 그 프레임은 사소한 요인에 의해서 결정된다.

– 베레나 슈타이너 『프라임 타임』

이러한 잠재의식 차원에서의 신념은 우리가 세상을 해석하는 지각의 필터(perceptual filters)로 작용하게 되는데, 그 가운데 제한적 신념은 우리가 일을 추진하는데 있어 망설임과 두려움을 주게 되고, 뜻하지 않은 실수와 실패를 자초하게 만든다. 신념(信念, belief)은 사전에서 보면 굳게 믿는 마음, 자라고 학습함에 따라 변화하는 것이라고 한다. 어떠한 사실이나 사람을 믿는 마음으로 우리가 믿는 것은 행동과 성과에 영향을 미친다.

우리에게 형성된 신념은 긍정적 신념, 제한적 신념으로 나타난다. 우리에게 일어나는 사건들을 제한적 신념이 아닌 긍정적인 신념의 프레임으로 마주 한다면 우리는 행복하게 살 수 있다. 자신에게 최상의 축복을 줄 수 있는 사람은 자신이다. 자신이 생각하고 있는 제한적인 신념을 버리자. 신념은 나를 행동하게 하고 판단하게 한다. 삶의 모든 경험이 신념의 결과임을 인지한다면 우리는 신념을 전환해 다른 선택을 함으로써 또 다른 경험을 창조할 수 있다.

세상에는 두 종류의 사람이 있다. 뭐든 원하는 것은 할 수 있다고 생각하는 사람과 절대로 할 수 없다고 생각하는 사람. 물론 두 사람 다 옳다. 인간이란 자신이 행복해지고 싶은 만큼만 행복해진다.

우리가 어떤 신념을 가졌느냐에 따라서 삶은 결정적인 영향을 받는다. 신념은 가치나 태도처럼 과거의 경험에서 학습되어 습관화한 것으로 잠재의식이나 무의식에 저장되어 있어 우리의 일상적인 생각과 감정, 행동을 지배하게 된다.

지나온 삶의 발자취를 되돌아보고, 현재까지 우리의 내면에 자리 잡고 있는 제한적 신념이나 부정적인 정서에서 벗어나 자기인식을 새롭게 하여 삶의 변화를 모색하여야 한다.

우리는 지금까지 비전을 갖고 성공과 행복을 꿈꾸어 왔다. 그러나 많은 좌절을 겪으면서 자신의 삶을 새롭게 개척해 나가려는 의지도 잃게 되고 제한적 신념을 가지게 되었다. 계획했던 일을 실패해서 자신이 무능하다는 신념을 갖게 되었다면 새로운 일을 할 때마다 '또 실패할 텐데, 끝까지 하지도 못할 텐데'라고 생각을 한다.

자신은 실패자라고 생각하는 파괴적인 마음자세를 심리학에서는 학습된 무능이라고 한다.

마틴 셀리그만 박사는 그의 저서 『학습된 낙관주의』에서 영속성, 파급효과, 개인화 등 모든 생활을 파괴할 수 있는 믿음 유형에 대해 이야기 했다.

제한적 신념을 가진 사람은 작은 실패를 경험했어도 그 경험은 영원히 지속된다고 생각한다는 것이다.

우리의 주변에는 제한적 신념으로 가득한 사람이 있다. 부정적인 말 "제대로 되는 일이 하나도 없어. 내 인생은 왜 이 꼴인가? 너는 그것도 못해. 현실적으로 그건 불가능한 일이야."라는 말만 되풀이한다.

제한적 신념을 변화시키는 과정은 왜 그렇게 생각하는지 기저에 깔린 긍정적 의도를 파악하고 인정하는 것부터가 시작된다. 제한적 신념의 기반이 되는 무의식적 가정과 억측을 파악하는 것이 중요하다. 예를 들어, 만약 당신이 제한된 믿음을 가지고 있다면 "나는 이름들을 잘 까먹어." 그것을 지금부터 당신은 "나는 이름들을 잘 기억해."라고 믿어 보는 것이다.

제한적 신념의 예

"내가 무엇을 하건, 혹은 아무리 노력한다고 해도 결과는 항상 신통치 않아."

"내가 하는 결정은 언제나 잘못되는 경우가 많아."

"사람들이 나의 진면목을 알게 되면, 나를 좋아하지 않을 거야."

"나는 그저 일을 꼬이게 만들기 때문에, 어떤 새로운 시도나 위험한 일을 해서는 안 돼."

"나는 사람들이 나를 도와주리라고 믿을 수가 없어, 그 사람들의 진짜 관심은 자기 자신들을 위하는 것이거든."

"열심히 해도 달라지는 건 없고 그건 꿈일 뿐이고 난 성공할 자격이 없는 사람이야."

"내 능력에 그 일은 한수 위라 어렵겠어. 난 무능한 사람이야."

"나는 태어날 때부터 모자라게 태어났어."

"나의 의견은 정말 중요치 않아."

"내가 하는 일은 정말 아무것도 아니야."

"나는 사람들이 제대로 일을 할 것이라고 믿을 수 없기 때문에, 남들에게 도움을 청하는 것은 안전치 않아."

"지금은 때가 아니야."

"새로운 것을 배우기에는 너무 늦었어."

"나는 너무 늙었어."

"나는 너무 어려." 등이다.

이러한 제한적 신념은 자기 충족과 예언이 되어 부정적 자아 이미지를 강화시킨다. 제한적 신념을 바꾸기 위해서는 제한적 신념을 만들게 된 원인과 그렇게 말하고 행동하는 긍정적 의도를 알아야 한다. 신념은 우리의 생각과 행동을 지배하지만 변화시킬 수 있다.

틀 바꾸기 관점과 제한적 신념을 바꾸어 마음 상태를 바꾸기

관점 바꾸기의 핵심은 잠재의식 내지는 무의식차원에 있는 우리는 일상 속에서 너무나 익숙해져 의식하지 못하는 부분에서조차도 어떤 것에 대한 자신 나름대로의 관점을 지니고 있다. 관점 바꾸기는 우리가 자기 자신과 특별한 방법으로 소통하는 것 즉, 내면과의 대화와 관련된 기법이라고 할 수 있다. 세상을 바라보는 의미는 우리가 지각하는 틀에 의해 결정되고 세상을 바라보는 관점 틀을 바꾸면 받아들여지는 의미도 바뀌며 우리의 행동하는 반응도 바뀐다. 틀 바꾸기는 경직된 관점으로 세상을 바라보는 사고를 바꾸고 자신을 긍정적으로 바라보고 유연한 사고를 하게 한다.

인간의 행동은 일련의 패턴, 체계적으로 프로그래밍되어 말, 행위, 태도로 나타난다.

틀 바꾸기의 핵심은 긍정적으로 플러스 발상을 하는 것이고 유연성 있게 관점, 틀을 바꾸면 우리가 진정 원하는 것으로 의미가 변하게 되고 반응과 행동 변화 의식에 대한 틀 바꾸기가 된다.

우리가 원치 않는 행동을 분리시키고, 긍정적 의도가 무엇인지 탐색하여 확인한 후, 마지막으로 그러한 긍정적 의도를 더 잘 충족시켜 줄 수 있는 보다 적절한 새로운 대안을 만들어내는데 도움이 된다. 틀 바꾸기는 제한적 신념에서 벗어나도록 하는 방법이다.

포커싱 기법의 창안자인 심리학자 젠들린(Eugene N. Gendlin)에 의하면 사람들은 잘 모르는 감정의 법칙이 있다고 한다. 즉, 인간의 감정은 그것을 인정하거나 공감하지 않을 때는 변화하지 않고 그대로 머물게 되지만, 반대로 이를 자신의 감정으로 인정하거나 차분히 바라보게 되면 그 감정은 저절로 변화되고 해소되기 시작한다는 것이다.

관점 바꾸기의 목적은 단순히 우리 자신이 원치 않는 행동을 하지 않는데 그치는 것이 아니라, 우리가 내면에서 진정 바라는 것을 얻기 위해 구체적으로 어떤 행동을 해야 하는지를 생각하게 하고 그러한 행동을 함으로써 우리 자신이 진짜 원하는 변화를 이끌어낼 수 있도록 하는 데 있다.

에머슨은 "운명을 바꾸려면 자신의 생각부터 다스려야 한다."고 했다. 우리 자신이 의식적으로 감정을 조절하지 못하고 끌려

다니게 되면 주변의 상황에 따라 내 감정이 달라지고 내 운명도 다른 사람에 의해 조정 당하게 된다. 내가 어떤 감정을 가지고 있느냐에 따라 똑같은 상황·사건도 해석이 달라진다. 상황·사건에 내가 어떻게 반응하고 해석하고 평가하느냐에 따라 결정짓는 행동도 다르다.

우리는 자신에게 습관적으로 질문하고 답을 하며 행동을 한다. 틀은 경험의 한계나 제한을 설명하고 정의하는데 사용된다. 틀은 내적 표상에 근거하여 세상을 지각하고 여과하는 하나의 방법이다.

우리가 이 세상을 지각하고 인식하는 방식은 지극히 주관적이다. 오감을 통해 외부세계를 경험할 때, 사용하는 표상체계는 사람마다 다르기 때문이다. 그 결과 개인마다의 경험구조는 상이하고, 주관적일 수밖에 없다.

표상체계란 우리가 이 세상을 경험하는 통로라고 할 수 있는 인간의 감각 즉, 오감을 말한다. 시각, 청각, 신체감각(촉각), 미각, 후각이야말로 우리가 외부세계를 인식하는 통로가 된다. 이러한 표상체계와 이를 적당히 걸러내는(신념, 가치관, 흥미, 견해, 선입견 등) 여과필터를 사용해서 자신의 내면세계를 창조한다. 사람들이 자신들이 당면하는 외부의 특정한 상황이나 일에 특정한 감각을 우선적으로 사용하듯이 자신의 내면세계에서도 자신의 표상체계를 똑같이 사용할 수 있다. 사람마다 이 세상을 다르게 경험하고, 즉 주관적 경험구조가 다른 것은 개인마다 표상체계가 다르기 때문이다. 이처럼 사람들은 누구나 어떤 일에 대해서 우선적으로 사용하는 표상체계를 갖고 있다.

습관적 사고로 자신의 가치 신념에 따라 틀은 나이가 들면서 고착화된다. 자신만의 확고한 가치기준으로 고집한다면 새로운 경험을 하고 성장할 기회를 잃게 된다. 각자가 원하는 최고의 삶을 살기 위해서는 신념에 의해 굳어진 고정관념도 걸림돌이 될 수 있다.

제한된 신념을 갖게 하는 고정관념, 세상을 보는 관점 패러다임의 전환이 필요하다. 어려서부터 많은 실패를 통해 절망감을 맛보게 되고 성공할 수 없다는 신념을 만들게 된다.

고정관념은 각자가 발달시킨 틀에 자신을 제한하고 원하는 것을 갖지 못하게 한다. 틀 바꾸기는 경직된 사고에서 자유로워져야 보다 많은 선택을 할 수 있게 하는 도구이다. 사고에 의해 의미를 만들어 내기 때문에 사고에 가치를 부여하는 틀을 다른 틀로 바꾸는 것이다. 우리 자신을 제한하고 원하는 것을 갖지 못하게 하는 틀, 지각의 틀을 바꾸면 사건을 바라보는 의미도 바뀌며, 느끼고 행동하는 반응도 달라진다. 상황의 틀은 어떤 상황에서든 모든 행동은 긍정적 의도가 있고 적절하다는 전제에서 행동에 대한 부정적 반응을 변화시킨다.

하루 한 가지만 개선하고 변화하여도 커다란 성과를 이룰 수 있고 거의 모든 것을 변화시킬 수 있다.

마음먹기에 따라 다르게 보이는 것

일체유심조가 말해주듯 모든 것은 우리 마음이 지어낸다는 뜻
이다. 우리 인간은 자신이 만든 세계 안에 스스로를 가두는 우
를 범하게 된다.
우리의 생각이 만들어 낸 울타리 안에 스스로 가둔 채 살아가
고 있다.

– 아이슈타인

'새옹지마' 라는 말도 틀 바꾸기의 예이다.

인간만사새옹지마(人間萬事塞翁之馬) 또는 간단히 새옹마(塞翁
馬)라고도 한다. 새옹이란 새상(塞上: 북쪽 국경)에 사는 늙은이란
뜻이다. 《회남자(淮南子)》의 인간훈(人間訓)에 나오는 이야기로,

북방 국경 근처에 점을 잘 치는 늙은이가 살고 있었는데 하루는 그가 기르는 말이 아무런 까닭도 없이 도망쳐 오랑캐들이 사는 국경 너머로 가버렸다. 마을 사람들이 위로하고 동정하자 늙은이는 "이것이 또 무슨 복이 되는지 알겠소." 하고 조금도 낙심하지 않았다. 몇 달 후 뜻밖에도 도망갔던 말이 오랑캐의 좋은 말을 한 필 끌고 돌아오자 마을 사람들이 이것을 축하하였다. 그러자 그 늙은이는 "그것이 또 무슨 화가 되는지 알겠소." 하고 조금도 기뻐하지 않았다.

그런데 집에 좋은 말이 생기자 전부터 말 타기를 좋아하던 늙은이의 아들이 그 말을 타고 달리다가 말에서 떨어져 다리가 부러졌다. 마을 사람들이 아들이 병신이 된 것에 대해 위로하자 늙은이는 "그것이 혹시 복이 되는지 누가 알겠소." 하고 태연한 표정이었다. 그런 지 1년이 지난 후 오랑캐들이 대거 쳐들어왔다. 장정들이 활을 들고 싸움터에 나가 모두 전사하였는데 늙은이의 아들만은 다리가 병신이어서 부자가 모두 무사할 수 있었다.

또 한 예를 든다면 전철 속에서 아이들이 뛰어놀고 있다고 하자. 아빠로 보이는 남자는 소란스럽게 뛰어다니는 아이들을 그저 바라보고만 있다. 이미 전철 승객들은 짜증이 나 있고 그중 어떤 사람이 아이들에게 주의를 주라고 소리치며 말한다. 그러자 그 남자는 이렇게 말한다. "죄송합니다. 아내의 장례식에 다녀오는 길인데 아이들이 아직도 엄마가 죽은걸 모르고 저렇게 웃고 떠드네요." 그러자 짜증과 원망의 마음은 사라지고 측은지심이 생겨 아이들이 옆에 오면 피하던 분들도 머리를 쓰다듬어 주기도 하고 안쓰러운 표정으로 바라보게 된다.

상황은 변하지 않았고 바라보는 관점 프레임만 달라져 있을 뿐이다. 상황에 대한 인식은 자기의 표상체계에 따라 판단하고 분석하고 해석한다.

틀 바꾸기는 사건, 행동, 경험, 생각을 다른 틀로 바꾸어 볼 수 있다.

틀을 바꾸면 의미가 변하고 의미가 바뀌면 생각과 행동도 바뀐다. 플러스 사고를 하게 된다. '제대로 되는 일이 없어, 왜 하필이면 나에게만 이렇게 시련이 많은 거야, 한 번도 나는 성공한 적이 없어. 난 매일이 우울한 삶이야, 내 주변에 나를 도와주는 사람이 없어' 그렇게 본인에게 말하면 절망적인 답으로 돌아온다. 나에게 절망적인 상상을 하지 말고 틀을 바꿔보자.

내가 할 수 없고 실패한 것에 집중하기보다는 내가 가지고 있는 것, 내가 잘할 수 있는 것에 집중한다. 만약 실패를 해서 절망적이라면 '난 되는 일이 없어'가 아니고 '이 일에서 얻을 것은? 이것을 또 다른 기회로 활용할 수 있을까?' 라고 생각하면 힘이 될 수 있다. 초점을 내가 할 수 없다고 생각하면 우리 뇌는 할 수 없는 것, 절망스러운 것에 집중하게 된다. 긍정적으로 말하고 긍정적으로 행동하는 것도 훈련으로 가능해진다. 힘이 들 때 슬픈 노래를 듣거나 슬픈 생각을 하게 되면 나보다 불행한 사람은 없다는 생각도 든다. 반대로 행복한 생각을 하면 행복한 표정을 갖게 되고, 생각하는 대로 될 것이다. 긍정적인 사고방식을 가진 사람은 목표를 수립하고 달성하는 과정에서도 장애요소에 부딪히면 극복하려는 긍정적 사고가 높아 목표를 달성하게 한다.

'나는 행복하다' 고 그렇게 속으로 계속 외치다 보면 자기 확언이 되고 감정이 바뀌게 되며 행복하기 위해 집중하고 노력하게 된다. 자신이 기쁘고, 감사하고, 행복한 것에 습관적으로 집중해보자. 잠시 눈을 감고 오늘 내가 행복했던 일과 감사했던 일을 생각해보자. 매일 나에게 질문하면서 생각해보면 흥분이 되고 삶에 활력소가 될 것이다. 즐거움으로 감사하는 마음과 사랑하는 감정이 생기고 입가에 미소가 돌 것이다. 수업 중에 해보자고 하면 오늘 그런 일은 없었다고 하시는 분도 있으신데 의도적으로 느껴보고 찾아보는 것이다. 불만도 기분이 나쁜 것도 꼭 상황이나 사건이 그럴 수도 있지만 지금 자신의 감정상태 해석에 의해 달라질 수 있는 것이다. 주변 분이 어떤 상황에서 감탄하고 감사해하면 진심으로 같이 감사함을 느껴보자. 본인이 행복해질 것이다.

무의식적으로 입력되어 우리의 뇌신경계 안에 이미 조건화되어 있는 마음을 자신이 소망하는 바람직한 결과를 얻기 위하여 정보처리과정을 다시 프로그래밍하자. 인간은 자신이 원하는 목적에 맞추어 스스로 원하는 방향으로, 효과적으로 다시 프로그래밍할 수 있다. 조건화한 패턴에서 벗어나 정보처리를 하게 되면 마음(생각, 정서)이 바뀌게 되고, 결국은 행동이 바뀌어 결과도 달라지게 된다. 궁극적으로 원하는 자신으로 변화시킬 수 있다. 사람들은 자신이 갖고 있는 마음의 지도에 반응하기 때문이다.

마음의 지도는 우리의 정체성, 신념, 가치관, 태도, 기억, 문화적 배경에 기초해 있다. 우리가 어떤 것을 판단할 때 각자가 가지고 있는 마음의 지도에 따라 사물을 보는 경향이 있다. 마음의 지도로 구성된 것은 실제 상황과 같은 정확한 복사본이 아니다.

우리의 지각에 의해 구성된 마음의 지도가 실제 그 자체가 아닐 수 있다.

지도가 영토는 아니고 그림일 뿐이다. 실제 그 자체가 아닌 자신이 생각하는 실제에 대한 마음의 지도대로 반응하고 행동한다면 최고의 탁월성을 발휘하며 살아갈 수 있는 기회를 잃어버리게 된다.

제한신념 사고를 바꾸는 틀 바꾸기는 내적 표상에 근거해 지각, 여과를 거쳐 신념에서 나오는 습관적, 자동적 사고를 바꾸는 것이다. 우리가 지각하는 생각의 틀을 바꾸면 의미도 바뀌며 우리의 반응도 바뀐다. 틀 바꾸기의 핵심은 플러스 발상을 하는 것이다. 유연성 있게 틀을 바꾸면 의미가 변하고 반응과 행동이 변화한다. 즉 세상을 바라보는 관점에 따라 자기중심적 사고, 경직된 사고를 바꾸고 많은 선택을 할 수 있게 한다. 자신의 마음의 틀을 점검하고 리프레임하자.

틀 바꾸기(관점 바꾸기)의 핵심은 우리가 진정 원하는 즉, 잠재의식 내지는 무의식의 차원에 있는 자신의 의도를 충족시켜 줄 수 있는 행동으로 변화시키는데 있다.

성공 프레임

성과중심 프레임은 미래지향적이고 가진 자원에 초점을 두기 때문에 미래에 대해 희망적이고 해낼 수 있다는 자신감을 갖게 한다.

문제중심 프레임은 왜 우리가 원하는 것을 가지고 있지 못하는 이유와 설명만을 요구하고 남의 탓, 궁색한 자기변명, 끊임없는 자기질책 그리고 스스로를 정당화하는데 급급하게 만든다.

문제중심 프레임

무엇이 문제인가?

얼마나 오랫동안 이 문제를 지니게 되었는가?

이 문제는 어떻게 나의 성장을 제한하는가?

이 문제는 내가 목표하는 어떤 것을 방해하려 하는가?

내가 이 문제를 갖게 된 것은 누구의 잘못인가?

성과중심 프레임

내가 원하는 것은 무엇인가?

그것을 언제 성취하기를 원하는가?

그것을 성취했다면 내 삶에 무엇이 도움이 되는가?

나는 그것을 성취하는데 도움이 되는 어떤 자원을 가지고 있는가?

어떻게 하면 내가 지닌 자원을 가장 잘 활용할 수 있는가?

내가 그것을 성취하려면 지금 당장 무엇을 시작할 것인가?

문제중심과 성과중심을 마음속으로 음미해보고 느낌을 비교해 보자.

제한적 신념이 많은 사람은 '왜' 라는 요인에 집착하여 실패 원인과 문제점에 주목하는 비난구조로 빠지게 된다. 그래서 우리가 진정으로 원하는 결과를 생각할 수 없게 하며 문제 속으로 빠지게 하고 방어적으로 만들며 문제해결을 어렵게 한다.

매사 사건을 대할 때마다 '무엇이 잘못되었지? 언제부터 잘못된 거야? 누구 잘못이야? 언제부터 일어났어? 이 문제는 나에게 무엇을 못하게 하는가? 이 일의 최악의 경우는 무엇이지?' 등 자신이 원하는 결과에 대해 이야기하기보다는 비난하고 회피하는 실패 프레임으로 접근한다.

매사 비난하고 회피하는 비난구조의 결과는 감정을 상하게 하고 의욕을 없애고, 난관이 오면 극복하지 못하며 모험을 못하게 하고 두려움과 불안을 유발한다.

옆에서 지켜보는 사람들을 안타깝게 하지만 정작 본인은 인식하지 못하는 경우가 많다는 것이다. 문제란 기회의 다른 측면이다. 문제의 해결책을 찾느냐 그 문제에 압도되어 버리느냐의 차이다.

끈기를 가지고 학습하고 연구하고 사고하면 보이지 않던 잠재력이 개발되고 불가능을 가능하게 한다. 하게 되면 자신감과 에너지가 생기고 스트레스가 감소된다. 자신의 지성, 직관, 경험은 자신이 생각하는 것보다 더 많은 답을 알고 있다.

성공 프레임의 결과구조는 긍정적으로 원하는 것을 확인하고 올바른 결정과 선택을 하도록 유도한다. 성취하고 싶은 것, 자신에게 중요한 것, 자신에게 관계된 구체적인 것들에 집중하게 된다. 당장 시작하자. 해보고 판단하자. 최선을 다하자. '벌써 많이 했네. 내가 무엇을 달성하기를 원하지? 저 사람이 저런 행동을 하는 긍정적인 의도는 무엇이지? 무슨 목표가 있지? 어떻게 하면 만족을 줄 수 있지?' 이렇게 생각하고 태도로 보이게 되면 주변 사람들에게 인식도 좋게 되고 결과를 도와주려는 사람이 생기게 된다.

강의 중에도 성공 프레임의 결과구조로 적극적으로 임하는 분들이 많게 되면 강의를 하는 필자도 긍정적 에너지가 느껴져 재미있게 교감을 나누며 서로가 만족한 시간을 갖게 된다.

그림도 액자를 바꾸면
느낌이 다르다

프레임을 바꾸면 인생이 달라진다.

틀을 바꾸려면 그전에 학습되었던 것들을 다른 틀이나 상황에 넣고 그 의미를 완전히 바꾸는 것이다. 체험적으로 만들어진 틀에 다른 틀의 행동으로 바꾸어준다. 프레임은 단순한 마음먹기가 아니라 규칙적인 운동으로 근육을 늘릴 수 있듯이 규칙적이고 반복적인 연습을 통해 새로운 프레임을 습득해야 한다. 틀을 바꾸면 반응과 행동이 변화되고 유연성 있게 자유로운 선택을 할 수 있으며 플러스 사고가 된다. 틀은 배경을 의미하는 것이고, 틀 바꾸기는 배경을 바꾸는 것이다. 우리는 생각의 테를 두른다. 틀은 상황과 의식에 대하여 바꿀 수 있다. 상황을 바꾸는 것은 틀을 바꾸는 것인데 그림도 액자를 바꾸면 느낌이 다르다.

제한적 신념의 유형은 자신의 미래상인 비전을 수립할 때도 '목표가 실현 불가능하다, 자신의 무능으로 이룰 수가 없다, 목표를 얻을 자격이 없다' 등을 먼저 생각한다.

마이너스 사고를 플러스 사고로, 위기를 기회로 두뇌회로를 바꿔보자.

교육학자 헨드릭스(Howard G. Hendricks)는 인간의 변화를 4단계로 설명하고 있다.

의식하지 못하는 무능력 단계(무의식적 무능감)

무엇을 하고 싶은지 정해지지 않았고 자신의 능력도 모르는 상태. 새로운 것을 처음 접하는 시기로 자신이 그 분야에 대해 무능하다는 사실을 자각하지 못한다.

의식하는 무능력 단계(의식적 무능감)

무엇인가 하고 싶은 것은 정했지만 아직 능력이 발휘되지 못하는 상태. 새로운 것을 배움에 따라 자신의 서투른 부분을 깨닫게 된다.

의식하는 능력 단계(의식적 자신감)

하고 싶은 것을 정하고 학습을 통해 의식하면서 사용하는 상태. 변화하고자 하는 노력에 따라 실력이 향상되고 있다는 사실을 자각하게 된다.

의식하지 않는 능력 단계(무의식적 자신감)

배운 것이 몸에 익숙해 무의식적으로 자연스럽게 사용하는 상태. 새로운 역량을 완전히 체득하여 의식적인 노력 없이도 역량을 발휘할 수 있게 된다.

자신은 실패자라고 생각하는 파괴적인 마음자세를 심리학에서는 학습된 무능이라고 한다.

학습된 무능은 행동능력의 최대의 장애다. 무력감은 자신의 인생을 바꾸거나 행동을 가로막는다. 우리는 자신을 통제할 수 있고, 자신의 결정에 따라 외부환경에 영향을 주는 행동을 한다. 자신이 인생을 만드는 프로그래머이기에 원하는 프로그램 습관을 만들 수 있다. 또한 변화는 주관적 경험(상황이나 환경에 대한 개인적 생각)이나 생각을 변화시킴으로써 가능해진다. 생각은 주관적 경험으로 오감을 통해 부호화되었고 행동 즉 표정, 목소리, 느낌, 자세로 신경 생리적인 반응으로 나오게 되고, 개인이 갖고 있는 습관에 의해 프로그램 된다. 모든 변화는 환경이나 상황에 대한 생각의 변화를 통하여 시작된다.

파블로프(Pavlor)가 벨소리와 개의 침분비 사이의 상관관계를
알아보기 위한 연구로 고전적 조건형성에 대한 연구를 하였다.

벨소리와 침흘리는 행위를 연합함으로써 파블로프는 개에게 밥
을 줄 때마다 벨이 울리면, 나중에는 음식을 주지 않고 벨을 울리
는 것만으로도 개가 침을 흘린다는 것을 알아냈다.

벨이 울린다고 침을 흘리는 개는 없지만 음식과 벨을 연합시키
면 개는 음식이 주어지지 않아도 벨만 울리면 조건형성이 되어 침
을 흘리게 되는 것이다.

우리 일상생활에도 무의식적으로 고전적 조건형성이 된 사례들
이 많다. 매우 신 레몬을 보면 침이 고이는 것도 조건형성이 되어
있는 것이고, 아이들이 주사맞는다는 이야기만 들어도 울음을 터
트리는 것도 조건형성이 되어 있기 때문이다.

매우 신 레몬을 먹고 침이 분비되었던 경험이 있으면, 이제는
레몬을 먹지 않아도 레몬만 봐도 침이 분비된다. 아이도 주사를
맞았는데 고통을 느꼈던 경험이 있으면, 주사만 봐도 고통이 생각
나서 울음을 터트리는 것이다.

우리는 수많은 상황, 사물들을 의식하면서 또는 무의식적으로
앵커링 되어 있다. 앵커링된 상황이 생기면 순간적으로 긍정적, 부
정적으로 감정변화를 일으키게 되는데 이것이 앵커링의 결과이다.

앵커의 사전적 의미는 '닻, 고정 장치, 마음의 의지할 힘이 되는 것'이라고 되어 있다.

닻이 배를 고정하듯 앵커링도 긍정적이고 구체적인 마음의 상태를 신체에 고정시켜 의식적으로 연합하여 자신에게 긍정적 정서상태를 만들어 준다. 앵커링이란 자신이 원하는 정서상태를 원할 때 연결시켜 주는 테크닉으로 무의식적 반응을 이끌어내어 원하는 정서상태를 지속적으로 느낄 수 있게 하는 방법이다.

긍정적인 앵커는 편안한 마음으로 최고의 결과를 경험하게 한다. 자극과 또 다른 자극이 연합되면 새로운 반응이 생길 수 있다. 사람에게는 고전적 조건형성이 우리의 정서와 밀접하게 관여되어 반응한다. 우리의 행동은 긍정적 감정과 부정적 감정에 따라 반응하게 된다.

행복한 느낌의 희망, 기쁨, 그리고 고통스런 느낌의 두려움은 스트레스를 유발한다.

사랑하는 사람과의 즐겁고 행복했던 데이트 순간을 자신의 긍정적인 감정으로 신체의 일부에 고정시킨다. 긍정적 감정은 고정시킨 신체의 일부를 볼 때마다 그때 즐겁고 행복했던 순간을 떠올리게 하는 것이다.

학습이론가들은 학습경험이 인간 발달에 근원이며, 자극과 반응과의 관계를 연구하여 인간행동도 새로운 학습경험을 통해 인간 발달에 변화를 가져올 수 있다고 주장한다.

앵커링이란 기법을 활용하여 의도적인 학습으로 정서관리를 하게 되면, 스트레스를 줄이고 자신감, 성취감으로 충만했던 긍정적인 감정을 갖게 하고, 불행하다고 생각되는 어렵고 힘든 상황과 우울한 상태를 기쁨으로 대처하여 스트레스를 없앨 수 있다.

자신의 긍정적 감정, 자신감이 충만했던 순간, 성취감으로 자신을 대견하게 느꼈던 기억들을 기억하고 신체 일부에 고정시킨다. 우울감, 스트레스 상황 등이 발생하면 예전의 긍정적 감정이었던 마음속의 자원을 끄집어내어 불행한 순간을 기쁨으로 대처하여 스트레스를 없앤다.

어떤 정보가 기억되면 감정을 일으켜 우리가 원하는 과거의 기억을 다시 되살리고자 할 때, 언제라도 자신의 마음을 선택할 수 있는 기법을 앵커링이라고 한다.

앵커링하는 방법으로는 시각적인 방법, 청각적인 방법, 신체 감각적 방법 등이 있다. 보고, 듣고, 느끼고, 맛보고, 냄새맡는 방법으로 운동, 꽃, 음식, 공연, 향수 등을 회상하면 언제라도 내가 원하는 정서 상태로 바꿀 수 있다. 앵커링을 하기 위해 과거의 경험이 없다면 미래에서 꿈꾸는 모습으로 상상하고 그 상상한 미래의 모습을 앵커링한다.

부정적 감정이나 어렵고 힘든 상황을 해결해주는 강력한 연결고리이고, 긍정적 정서 상태로 연결해주는 도구이다. 자신의 성공 경험이나 행복했던 순간들을 앵커링 기법으로 신체의 일부에 고정시켜 놓고 스트레스 상황이나 용기를 얻고 싶은 상황이 되면 마음속의 자원을 끄집어내어 상황을 전환할 수 있게 된다.

긍정적 정서 상태를 자신의 신체위치에 고정하여 자신의 마음을 선택할 수 있기 때문에 필자는 가족들과 여행했던 상황 등을 손등에 앵커링 시켜놓고 에너지를 얻고 싶을 때 바라보며 힘을 얻고 있다. 손등은 언제나 볼 수 있기 때문에 감사하고 행복한 순간을 손등을 보며, 그 당시의 감정을 느끼고 싶을 때 사용한다.

여행 중 어떤 장소에서 음악을 들었는데 행복한 순간이었다면 그때 들었던 음악을 들을 때마다 행복한 순간을 떠올리는 것도 그 노래와 장소가 앵커링되어 노래만 들어도 행복한 순간을 느낄 수 있게 되는 것이다. 이것은 청각적 방법의 앵커링이다.

셀프 앵커링 연습 과정(정서상태 관리하기)

1. 과거의 긍정적 감정을 생생하게 떠올린다(앵커의 소재는 과거, 현재, 미래 등에서 찾을 수 있다). 원하던 일을 성취했던 순간, 주변인으로부터 인정받았던 순간, 자신있게 활력넘치게 활동했던 순간 등 가장 기뻤던 때를 떠올리며 자신이 본 것을 마음의 눈으로 본다. 자신이 들은 것을 내면의 소리 독백으로 듣는다. 그때 자신이 느낀 것을 생생하게 그대로 느끼며 냄새도 기억한다. 맛보았던 것도 그대로 맛본다.

2. 눈을 감고 심호흡을 하며 긴장을 풀고 가장 편안한 상태로 그 장면의 기쁨을 온몸에 느낀다. 그 느낌이 어떠한가? 실제로 그곳에 있다고 상상하면서 느껴본다. 그때 온몸으로 느꼈던 감각을 그대로 느끼면서 느끼고 있는 장면이 감정의 최고조에 달하는 상태에서 상상의 강도가 강한 상태의 경험하고 있는 표상의 그 느낌을 앵커링한다. 기쁨의 느낌을 신체 어디에 놓을지 정하는데, 가슴, 손등, 주먹, 엄지손가락 등에 신체적 앵커링을 할 수 있다.

   예를 들면 주먹을 쥐며 속으로는 화이팅하고 외치면서 앵커에 집중하여 완전한 느낌이 들 때까지 반복한다. 주먹을 보면 무의식에서도 앵커링이 될 수 있도록 여러번 의도적으로 연습하고 반복한다.

센터링을 해보자

센터링(centering)은 중심을 잡는 것이다.

센터링을 생활 속에서 활용할 수 있는데 마음의 평정심을 유지하여 마음이 안정되어 있으면 외적인 반응 즉 사물이나 상황을 객관적으로 판단할 수 있다. 또 정신적 안정을 통해 스트레스를 해소할 수도 있는데 긴장을 풀고 호흡법만 조절해도 삶의 질이 달라질 수 있다. 평정심은 부정적인 상황도 긍정적으로 해석하며 마음이 편안해지고 여유가 생기게 한다.

복식호흡도 좋은 방법인데 발을 어깨너비로 벌리고 똑바로 정면을 바라본다. 배꼽 밑 5센티미터 되는 곳에 깍지 낀 손을 올려놓고 긴장을 푼다. 호흡에 집중하면서 천천히 들이마시면서 배를 불룩하게 하고 다시 숨을 내쉬면서 모든 긴장을 풀고 이 순간에 몰

입을 한다. 깊이 집중하면 평온함을 찾게 된다.

중심을 잡기 위해 행복해지기 위해 따로 시간을 낼 필요가 없이 의지만 있으면 된다. 필자도 때로 긴장이 되는 강연이 있을 때는 센터링을 한다. 복식호흡을 하면 긴장이 해소되는 것을 느낄 수 있다. 어떤 상황이나 대상에 대하여 감정적으로 반응하기 전에 또는 몹시 불안할 때 잠시 눈을 감고 천천히 심호흡만 하는 것도 도움이 된다. 지금 잠깐 멈추어 따라해보자. 앉은 자세에서도 가능하다. 숨을 들이마시며 배를 불룩하게 하고 숨을 내쉬며 모든 긴장을 풀고 배를 들어오게 하는 동작은 몇 번만 하게 되어도 마음이 평온한 상태가 되고 충만함을 느끼게 된다.

중심잡기 호흡법은 내가 되고 싶어 하는 나를 만들 수 있다. 직장에서의 나, 가정에서의 내가 바라는 나의 모습으로 연출될 수 있다. 삶의 매 순간마다 우리에게 많은 것을 주는데 그것을 느끼며 즐기는 것은 자신의 선택이다. 행복이란 매 순간을 사랑하는 사람과 느끼며 나누는 평안과 즐거움이다.

중심을 잡게 되면 한결 여유롭고 긴장도 풀리며 얼굴도 편안해진다. 여유로워지면 매사에 감사하게 되며 세상의 모든 것을 다르게 지각하고 반응함으로써 무심히 지나쳤던 들꽃에서도 아름다움을 느끼게 된다.

셀프 코칭을 위한
자기 관리 점검

정말 갖고 싶은 것 10가지

구분	내 용
1	
2	
3	
4	
5	
6	
7	
8	
9	
10	

이루고 싶은 것 10가지

구분	내 용
1	
2	
3	
4	
5	
6	
7	
8	
9	
10	

2015년 나의 모습

어디에 있는가? 무엇을 하고 있는가?
누구와 함께 있는가? 그 사람과 무슨 이야기를 하고 있는가?

나의 비전

나의 비전	설정 이유

SMART 목표 설정

목표 달성일 :

목표(구체적, 측정 가능한, 달성 가능한, 현실적인, 시기적절한)

예상장애물	가능한 해결 방법

목표를 달성하기 위한 구체적인 행동계획			목표일

이 목표를 위한 다짐

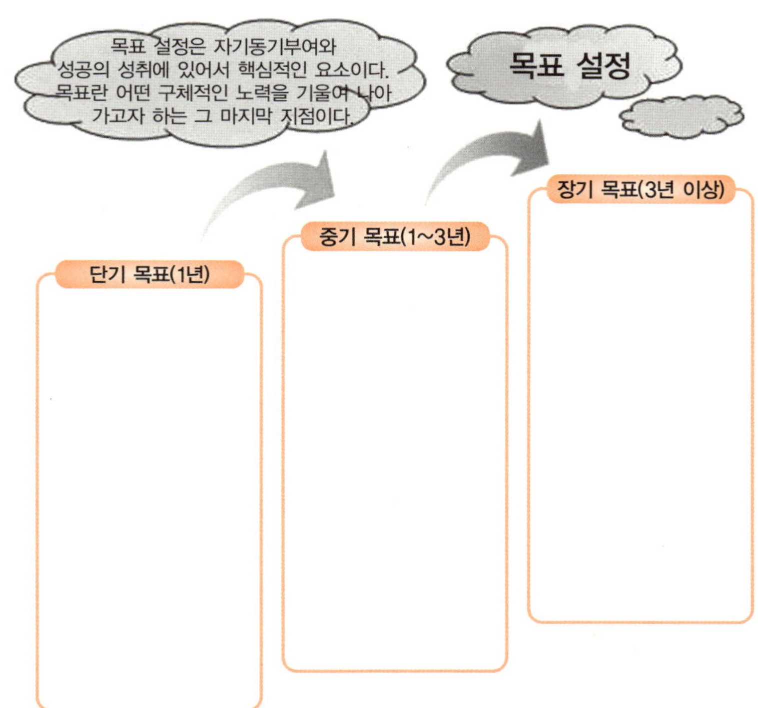

목표 설정은 자기동기부여와 성공의 성취에 있어서 핵심적인 요소이다. 목표란 어떤 구체적인 노력을 기울여 나아가고자 하는 그 마지막 지점이다.
목표 설정
장기 목표(3년 이상)
중기 목표(1~3년)
단기 목표(1년)

오늘 내가 해야 할 일

날짜 :　　　.　　.　　.

우선 순위	내 용	실행 여부
1		
2		
3		
4		
5		

습관 점검표

1. 원하기 때문에 이미 가지고 있는 것(잘하고 있는 것들)
2. 원하지만 아직 갖지 못한 것(잘하고 싶은 것들)
3. 원하지 않은데도 갖고 있는 것(고치고 싶은 것들)

잘하고 있는 것들

잘하고 싶은 것들

고치고 싶은 것들

습관 관리표

성명 ___________

좋은 습관

1 ___________

2 ___________

3 ___________

4 ___________

5 ___________

6 ___________

7 ___________

성공 습관 만들기

1.

2.

3.

	1	2	3	4	5	6	7	8	9	10	11	12	13	14	15
1															
2															
3															

	16	17	18	19	20	21	22	23	24	25	26	26	28	29	30
1															
2															
3															

가림출판사 · 가림M&B · 가림Let's에서 나온 책들

문학

바늘구멍
켄 폴리트 지음 / 홍영의 옮김
신국판 / 342쪽 / 5,300원

레베카의 열쇠
켄 폴리트 지음 / 손연숙 옮김
신국판 / 492쪽 / 6,800원

암병선
니시무라 쥬코 지음 / 홍영의 옮김
신국판 / 300쪽 / 4,800원

첫키스한 얘기 말해도 될까
김정미 외 7명 지음 / 신국판 / 228쪽 / 4,000원

사미인곡 上·中·下
김충호 지음 / 신국판 / 각 권 5,000원

이내의 끝자리
박수완 스님 지음 / 국판변형 / 132쪽 / 3,000원

너는 왜 나에게 다가서야 했는지
김충호 지음 / 국판변형 / 124쪽 / 3,000원

세계의 명언
편집부 엮음 / 신국판 / 322쪽 / 5,000원

여자가 알아야 할 101가지 지혜
제인 아서 엮음 / 지창국 옮김
4×6판 / 132쪽 / 5,000원

현명한 사람이 읽는 지혜로운 이야기
이정민 엮음 / 신국판 / 236쪽 / 6,500원

성공적인 표정이 당신을 바꾼다
마츠오 도오루 지음 / 홍영의 옮김
신국판 / 240쪽 / 7,500원

태양의 법
오오카와 류우호오 지음 / 민병수 옮김
신국판 / 246쪽 / 8,500원

영원의 법
오오카와 류우호오 지음 / 민병수 옮김
신국판 / 240쪽 / 8,000원

석가의 본심
오오카와 류우호오 지음 / 민병수 옮김
신국판 / 246쪽 / 10,000원

옛 사람들의 재치와 웃음
강형중 · 김경익 편저 / 신국판 / 316쪽 / 8,000원

지혜의 쉼터
쇼펜하우어 지음 / 김충호 엮음
4×6판 양장본 / 160쪽 / 4,300원

헤세가 너에게
헤르만 헤세 지음 / 홍영의 엮음
4×6판 양장본 / 144쪽 / 4,500원

사랑보다 소중한 삶의 의미
크리슈나무르티 지음 / 최윤영 엮음
신국판 / 180쪽 / 4,000원

장자—어찌하여 알 속에 털이 있다 하는가
홍영의 엮음 / 4×6판 / 180쪽 / 4,000원

논어—배우고 때로 익히면 즐겁지 아니한가
신도희 엮음 / 4×6판 / 180쪽 / 4,000원

맹자—가까이 있는데 어찌 먼 데서 구하려 하는가
홍영의 엮음 / 4×6판 / 180쪽 / 4,000원

아름다운 세상을 만드는 사랑의 메시지 365
DuMont monte Verlag 엮음 / 정성호 옮김
4×6판 변형 양장본 / 240쪽 / 8,000원

황금의 법
오오카와 류우호오 지음 / 민병수 옮김
신국판 / 320쪽 / 12,000원

왜 여자는 바람을 피우는가?
기젤라 룬테 지음 / 김현성 · 진정미 옮김
국판 / 200쪽 / 7,000원

세상에서 가장 아름다운 선물
김인자 지음 / 국판변형 / 292쪽 / 9,000원

수능에 꼭 나오는 한국 단편 33
윤종필 엮음 / 신국판 / 704쪽 / 11,000원

수능에 꼭 나오는 한국 현대 단편 소설
윤종필 엮음 및 해설 / 신국판 / 364쪽 / 11,000원

수능에 꼭 나오는 세계단편(영미권)
지창영 옮김 / 윤종필 엮음 및 해설
신국판 / 328쪽 / 10,000원

수능에 꼭 나오는 세계단편(유럽권)
지창영 옮김 / 윤종필 엮음 및 해설
신국판 / 360쪽 / 11,000원

대왕세종 1·2·3
박충훈 지음 / 신국판 / 각 권 9,800원

세상에서 가장 소중한 아버지의 선물
최은경 지음 / 신국판 / 144쪽 / 9,500원

건강

아름다운 피부미용법
이순희(한독피부미용학원 원장) 지음
신국판 / 296쪽 / 6,000원

버섯건강요법
김병각 외 6명 지음 / 신국판 / 286쪽 / 8,000원

성인병과 암을 정복하는 유기게르마늄
이상현 편저 / 캬오 샤오이 감수
신국판 / 312쪽 / 9,000원

난치성 피부병
생약효소연구원 지음 / 신국판 / 232쪽 / 7,500원

新 방약합편
정도명 편역 / 신국판 / 416쪽 / 15,000원

자연치료의학
오홍근(신경정신과 의학박사 · 자연의학박사) 지음
신국판 / 472쪽 / 15,000원

약초의 활용과 가정한방
이인성 지음 / 신국판 / 384쪽 / 8,500원

역전의학
이시하라 유미 지음 / 유태종 감수
신국판 / 286쪽 / 8,500원

이순희식 순수피부미용법
이순희(한독피부미용학원 원장) 지음
신국판 / 304쪽 / 7,000원

21세기 당뇨병 예방과 치료법
이현철(연세대 의대 내과 교수) 지음
신국판 / 360쪽 / 9,500원

신재용의 민의학 동의보감
신재용(해성한의원 원장) 지음 / 신국판 / 476쪽 /
10,000원

치매 알면 치매 이긴다
배오성(백상한방병원 원장) 지음
신국판 / 312쪽 / 10,000원

21세기 건강혁명 밥상 위의 보약 생식
최경순 지음 / 신국판 / 348쪽 / 9,800원

기치유와 기공수련
윤한홍(기치유 연구회 회장) 지음
신국판 / 340쪽 / 12,000원

만병의 근원 스트레스 원인과 퇴치
김지혁(김지혁한의원 원장) 지음
신국판 / 324쪽 / 9,500원

김종성 박사의 뇌졸중 119
김종성 지음 / 신국판 / 356쪽 / 12,000원

탈모 예방과 모발 클리닉
장정훈 · 전재홍 지음 / 신국판 / 252쪽 / 8,000원

구태규의 100% 성공 다이어트
구태규 지음 / 4×6배판 변형 / 240쪽 / 9,900원

암 예방과 치료법
이춘기 지음 / 신국판 / 296쪽 / 11,000원

알기 쉬운 위장병 예방과 치료법
민영일 지음 / 신국판 / 328쪽 / 9,900원

이온 체내혁명
노보루 야마노이 지음 / 김병관 옮김
신국판 / 272쪽 / 9,500원

어혈과 사혈요법
정지천 지음 / 신국판 / 308쪽 / 12,000원

약손 경락마사지로 건강미인 만들기
고정환 지음 / 4×6배판 변형 / 284쪽 / 15,000원

정유정의 LOVE DIET
정유정 지음 / 4×6배판 변형 / 196쪽 / 10,500원

머리에서 발끝까지 예뻐지는 부분다이어트
신상만 · 김선민 지음 / 4×6배판 변형
196쪽 / 11,000원

알기 쉬운 심장병 119
박승정 지음 / 신국판 / 248쪽 / 9,000원

알기 쉬운 고혈압 119
이정균 지음 / 신국판 / 304쪽 / 10,000원

여성을 위한 부인과질환의 예방과 치료
차선희 지음 / 신국판 / 304쪽 / 10,000원

알기 쉬운 아토피 119
이승규 · 임승엽 · 김문호 · 안유일 지음
신국판 / 232쪽 / 9,500원

120세에 도전한다
이권행 지음 / 신국판 / 308쪽 / 11,000원

건강과 아름다움을 만드는 요가
정판식 지음 / 4×6배판 변형 / 224쪽 / 14,000원

우리 아이 건강하고 아름다운 롱다리 만들기
김성훈 지음 / 대국전판 / 236쪽 / 10,500원

알기 쉬운 허리디스크 예방과 치료
이종서 지음 / 대국전판 / 328쪽 / 12,000원

소아과 전문의에게 듣는 알기 쉬운 소아과 119
신영규 · 이강우 · 최성항 지음
4×6배판 변형 / 280쪽 / 14,000원

피가 맑아야 건강하게 오래 살 수 있다
김영찬 지음 / 신국판 / 256쪽 / 10,000원

웰빙형 피부 미인을 만드는 나만의 셀프 피부건강
양해원 지음 / 대국전판 / 144쪽 / 10,000원

내 몸을 살리는 생활 속의 웰빙 항암 식품
이승남 지음 / 대국전판 / 248쪽 / 9,800원

마음한글, 느낌한글
박완식 지음 / 4×6배판 / 300쪽 / 15,000원

웰빙 동의보감식 발마사지 10분
최미희 지음 / 신재용 감수
4×6배판 변형 / 204쪽 / 13,000원

아름다운 몸, 건강한 몸을 위한 목욕 건강 30분
임하성 지음 / 대국전판 / 176쪽 / 9,500원

내가 만드는 한방생주스 60
김영섭 지음 / 국판 / 112쪽 / 7,000원

몸을 살리는 건강식품
백은희 · 조창호 · 최양진 지음
신국판 / 384쪽 / 11,000원

건강도 키우고 성적도 올리는 자녀 건강
김진돈 지음 / 신국판 / 304쪽 / 12,000원

알기 쉬운 **간질환 119**
이관식 지음 / 신국판 / 264쪽 / 11,000원

밥으로 병을 고친다
허봉수 지음 / 대국전판 / 352쪽 / 13,500원

알기 쉬운 **신장병 119**
김형규 지음 / 신국판 / 240쪽 / 10,000원

마음의 감기 치료법 **우울증 119**
이민수 지음 / 대국전판 / 232쪽 / 9,800원

관절염 119
송영욱 지음 / 대국전판 / 224쪽 / 9,800원

내 딸을 위한 **미성년 클리닉**
강병문 · 이향아 · 최정원 지음
국판 / 148쪽 / 8,000원

암을 다스리는 기적의 **치유법**
케이 세이헤이 감수
카와키 나리카즈 지음 / 민병수 옮김 /
신국판 / 256쪽 / 9,000원

스트레스 다스리기
대한불안장애학회 스트레스관리연구특별위원회
지음
신국판 / 304쪽 / 12,000원

천연 식초 건강법
건강식품연구회 엮음 / 신재용(해성한의원 원장) 감수
신국판 / 252쪽 / 9,000원

암에 대한 모든 것
서울아산병원 암센터 지음 / 신국판 / 360쪽 /
13,000원

알록달록 **컬러 다이어트**
이승남 지음 / 국판 / 248쪽 / 10,000원

당신도 부모가 될 수 있다
정병준 지음 / 신국판 / 268쪽 / 9,500원

키 10cm 더 크는 키네스 성장법
김양수 · 이종균 · 최형규 · 표재환 · 김문희 지음
대국전판 / 312쪽 / 12,000원

당뇨병 백과
이현철 · 송영득 · 안철우 지음
4×6배판 변형 / 396쪽 / 16,000원

호흡기 클리닉 119
박성학 지음 / 신국판 / 256쪽 / 10,000원

키 쑥쑥 크는 롱다리 만들기
롱다리 성장클리닉 원장단 지음
4×6배판 변형 / 256쪽 / 11,000원

내 몸을 살리는 건강식품
백은희 · 조창호 · 최양진 지음
신국판 / 368쪽 / 11,000원

내 몸에 맞는 운동과 건강
하철수 지음 / 신국판 / 264쪽 / 11,000원

알기 쉬운 **척추 질환 119**
김수연 지음 / 신국판 변형 / 240쪽 / 11,000원

**베스트 닥터 박승정 교수팀의 심장병 예방과
치료**
박승정 외 5인 지음 / 신국판 / 264쪽 / 10,500원

암 전이 재발을 막아주는 한방 신치료 전략
조종관 · 유화승 지음 / 신국판 / 308쪽 / 12,000원

식탁 위의 위대한 혁명 사계절 웰빙 식품
김진돈 지음 / 신국판 / 284쪽 / 12,000원

우리 가족 건강을 위한 신종플루 대처법
우준희 · 김태형 · 정진원 지음 / 신국판 변형 /
172쪽 / 8,500원

스트레스가 내 몸을 살린다
대한불안의학회 스트레스관리특별위원회 지음 /
신국판 / 296쪽 / 13,000원

교 육

우리 교육의 창조적 백색혁명
원상기 지음 / 신국판 / 206쪽 / 6,000원

현대생활과 체육
조창남 외 5명 공저 / 신국판 / 340쪽 / 10,000원

퍼펙트 MBA
IAE유학네트 지음 / 신국판 / 400쪽 / 12,000원

유학길라잡이 Ⅰ- 미국편
IAE유학네트 지음 / 4×6배판 / 372쪽 / 13,900원

유학길라잡이 Ⅱ - 4개국편
IAE유학네트 지음 / 4×6배판 / 348쪽 / 13,900원

조기유학길라잡이.com
IAE유학네트 지음 / 4×6배판 / 428쪽 / 15,000원

현대인의 건강생활
박상호 외 5명 공저 / 4×6배판 / 268쪽 / 15,000원

천재아이로 키우는 두뇌훈련
나카마츠 요시로 지음 / 민병수 옮김
국판 / 288쪽 / 9,500원

두뇌혁명
나카마츠 요시로 지음 / 민병수 옮김
4×6판 양장본 / 288쪽 / 12,000원

테마별 고사성어로 익히는 한자
김경익 지음 / 4×6배판 변형 / 248쪽 / 9,800원

生생 공부비법
이은승 지음 / 대국전판 / 272쪽 / 9,500원

자녀를 성공시키는 **습관만들기**
배은경 지음 / 대국전판 / 232쪽 / 9,500원

한자능력검정시험 1급
한자능력검정시험연구위원회 편저
4×6배판 / 568쪽 / 21,000원

한자능력검정시험 2급
한자능력검정시험연구위원회 편저
4×6배판 / 472쪽 / 18,000원

한자능력검정시험 3급(3급Ⅱ)
한자능력검정시험연구위원회 편
4×6배판 / 440쪽 / 17,000원

한자능력검정시험 4급(4급Ⅱ)
한자능력검정시험연구위원회 편
4×6배판 / 352쪽 / 15,000원

한자능력검정시험 5급
한자능력검정시험연구위원회 편저
4×6배판 / 264쪽 / 11,000원

한자능력검정시험 6급
한자능력검정시험연구위원회 편저
4×6배판 / 168쪽 / 8,500원

한자능력검정시험 7급
한자능력검정시험연구위원회 편저
4×6배판 / 152쪽 / 7,000원

한자능력검정시험 8급
한자능력검정시험연구위원회 편저
4×6배판 / 112쪽 / 6,000원

볼링의 이론과 실기
이택상 지음 / 신국판 / 192쪽 / 9,000원

고사성어로 끝내는 천자문
조준상 글 · 그림 / 4×6배판 / 216쪽 / 12,000원

논술 종합 비타민
김종원 지음 / 신국판 / 200쪽 / 9,000원

내 아이 스타 만들기
김민성 지음 / 신국판 / 200쪽 / 9,000원

교육 1번지 강남 엄마들의 **수험생 자녀 관리**
황송주 지음 / 신국판 / 288쪽 / 9,500원

초등학생이 꼭 알아야 할 위대한 역사 상식
우진영 · 이양경 지음
4×6배판 변형 / 228쪽 / 9,500원

초등학생이 꼭 알아야 할 행복한 경제 상식
우진영 · 전선심 지음
4×6배판 변형 / 224쪽 / 9,500원

초등학생이 꼭 알아야 할 재미있는 과학상식
우진영 · 정경희 지음
4×6배판 변형 / 220쪽 / 9,500원

한자능력검정시험 3급 · 3급Ⅱ
한자능력검정시험연구위원회 편저
4×6판 / 380쪽 / 7,500원

교과서 속에 꼭꼭 숨어있는 이색박물관 체험
이신화 지음 / 대국전판 / 248쪽 / 12,000원

초등학생 독서 논술(저학년)
책마루 독서교육연구회 지음
4×6배판 변형 / 244쪽 / 14,000원

초등학생 독서 논술(고학년)
책마루 독서교육연구회 지음
4×6배판 변형 / 236쪽 / 14,000원

놀면서 배우는 경제
김술 지음 / 대국전판 / 196쪽 / 10,000원

건강생활과 레저스포츠 즐기기
강선희 외 11명 공저 / 4×6배판 / 324쪽 / 18,000원

아이의 미래를 바꿔주는 좋은 습관
배은경 지음 / 신국판 / 216쪽 / 9,500원

다중지능 아이의 미래를 바꾼다
이소영 외 6인 지음 / 신국판 / 232쪽 / 11,000원

**체육학 자연과학 및 사회과학 분야의 석 · 박사 학
위 논문, 학술진흥재단 등재지, 등재후보지와 관련
된 학회지 논문 작성법**
하철수 · 김봉경 지음 / 신국판 / 336쪽 / 15,000원

공부가 제일 쉬운 공부 달인 되기
이은승 지음 / 신국판 / 256쪽 / 10,000원

글로벌 리더가 되려면 영어부터 정복하라
서재희 지음 / 신국판 / 276쪽 / 11,500원

중국현대30년사
정재일 지음 / 신국판 / 364쪽 / 20,000원

생활 호신술 및 성폭력의 유형과 예방
신현무 지음 / 신국판 / 228쪽 / 13,000원

글로벌 리더가 되는 최강 속독법
권혁천 지음 / 신국판 / 336쪽 / 15,000원

취미 실용

김진국과 같이 배우는 **와인의 세계**
김진국 지음
국배판 변형 양장본(올컬러) / 208쪽 / 30,000원

배스낚시 테크닉
이종건 지음 / 4×6배판 / 440쪽 / 20,000원

나도 디지털 전문가 될 수 있다!!!
이승훈 지음 / 4×6배판 / 320쪽 / 19,200원

건강하고 아름다운 **동양란 기르기**
난마을 지음 / 4×6배판 변형 / 184쪽 / 12,000원

애완견114
황양원 엮음 / 4×6배판 변형 / 228쪽 / 13,000원

어학

2진법 영어
이상도 지음 / 4×6배판 변형 / 328쪽 / 13,000원

한 방으로 끝내는 영어
고제윤 지음 / 신국판 / 316쪽 / 9,800원

한 방으로 끝내는 영단어
김승엽 지음 / 김수경 · 카렌다 감수
4×6배판 변형 / 236쪽 / 9,800원

해도해도 안 되던 영어회화 **하루에 30분씩 90일이면 끝낸다**
Carrot Korea 편집부 지음
4×6배판 변형 / 260쪽 / 11,000원

바로 활용할 수 있는 **기초생활영어**
김수경 지음 / 신국판 / 240쪽 / 10,000원

바로 활용할 수 있는 **비즈니스영어**
김수경 지음 / 신국판 / 252쪽 / 10,000원

생존영어55
홍일록 지음 / 신국판 / 224쪽 / 8,500원

필수 여행영어회화
한현숙 지음 / 4×6판 변형 / 328쪽 / 7,000원

필수 여행일어회화
윤영자 지음 / 4×6판 변형 / 264쪽 / 6,500원

필수 여행중국어회화
이은진 지음 / 4×6판 변형 / 256쪽 / 7,000원

영어로 배우는 중국어
김승엽 지음 / 신국판 / 216쪽 / 9,000원

필수 여행 스페인어회화
유연창 지음 / 4×6판 변형 / 288쪽 / 7,000원

바로 활용할 수 있는 **홈스테이 영어**
김형주 지음 / 신국판 / 184쪽 / 9,000원

필수 여행 러시아어회화
이은수 지음 / 4×6판 변형 / 248쪽 / 7,500원

영어 먹는 고양이
권혁천 지음 / 4×6배판 변형(올컬러) / 164쪽 / 9,500원

여행

우리 땅 우리 문화가 살아 숨쉬는 **옛터**
이형권 지음 / 대국전판(올컬러) / 208쪽 / 9,500원

아름다운 산사
이형권 지음 / 대국전판(올컬러) / 208쪽 / 9,500원

맛과 멋이 있는 낭만의 **카페**
박성찬 지음 / 대국전판(올컬러) / 168쪽 / 9,900원

한국의 숨어 있는 아름다운 **풍경**
이종원 지음 / 대국전판(올컬러) / 208쪽 / 9,900원

사람이 있고 자연이 있는 아름다운 **명산**
박기성 지음 / 대국전판(올컬러) / 176쪽 / 12,000원

마음의 고향을 찾아가는 여행 **포구**
김인자 지음 / 대국전판(올컬러) / 224쪽 / 14,000원

생명이 살아 숨쉬는 한국의 아름다운 **강**
민병준 지음 / 대국전판(올컬러) / 168쪽 / 12,000원

틈나는 대로 세계여행
김재관 지음
4×6배판 변형(올컬러) / 368쪽 / 20,000원

풍경 속을 걷는 즐거움 **명상 산책**
김인자 지음 / 대국전판(올컬러) / 224쪽 / 14,000원

3. 3. 7 세계여행
김완수 지음
4×6배판 변형(올컬러) / 280쪽 / 12,900원

법정스님의 발자취가 남겨진 **아름다운 산사**
박성찬 · 최애정 · 이성준 지음
신국판변형(올컬러) / 164쪽 / 12,000원

레포츠

수열이의 브라질 축구 탐방 **삼바 축구, 그들은 강하다**
이수열 지음 / 신국판 / 280쪽 / 8,500원

마라톤, 그 아름다운 도전을 향하여
빌 로저스 · 프리실라 웰치 · 조 헨더슨 공저
오인환 감수 / 지창영 옮김
4×6배판 / 320쪽 / 15,000원

인라인스케이팅 100%즐기기
임미숙 지음 / 4×6배판 변형 / 172쪽 / 11,000원

스키 100% 즐기기
김동환 지음 / 4×6배판 변형 / 184쪽 / 12,000원

태권도 총론
하웅의 지음 / 4×6배판 / 288쪽 / 15,000원

수영 100% 즐기기
김종만 지음 / 4×6배판 변형 / 248쪽 / 13,000원

건강을 위한 **웰빙 걷기**
이강옥 지음 / 대국전판 / 280쪽 / 10,000원

쉽고 즐겁게! 신나게! 배우는 **재즈댄스**
최재선 지음 / 4×6배판 변형 / 200쪽 / 12,000원

해양스포츠 카이트보딩
김남용 편저 / 신국판(올컬러) / 152쪽 / 18,000원

허승은과 함께하는 **초보자도 쉽게 배우는 스키 비법**
허승은 지음 / 4×6배판 변형 / 168쪽 / 13,000원

골프

퍼팅 메커닉
이근택 지음 / 4×6배판 변형 / 192쪽 / 18,000원

아마골프 가이드
정영호 지음 / 4×6배판 변형 / 216쪽 / 12,000원

골프 100타 깨기
김준모 지음 / 4×6배판 변형 / 136쪽 / 10,000원

골프 90타 깨기
김광섭 지음 / 4×6배판 변형 / 148쪽 / 11,000원

KLPGA 최여진 프로의 센스 골프
최여진 지음
4×6배판 변형(올컬러) / 188쪽 / 13,900원

KTPGA 김준모 프로의 파워 골프
김준모 지음
4×6배판 변형(올컬러) / 192쪽 / 13,900원

골프 80타 깨기
오태훈 지음 / 4×6배판 변형 / 132쪽 / 10,000원

신나는 골프 세상
유용열 지음 / 4×6배판 변형(올컬러) / 232쪽 / 16,000원

이신 프로의 더 퍼펙트
이신 지음 / 국배판 변형 / 336쪽 / 28,000원

주니어출신 박영진 프로의 **주니어골프**
박영진 지음
4×6배판 변형(올컬러) / 164쪽 / 11,000원

골프손자병법
유용열 지음
4×6배판 변형(올컬러) / 212쪽 / 16,000원

박영진 프로의 주말 골퍼 100타 깨기
박영진 지음
4×6배판 변형(올컬러) / 160쪽 / 12,000원

10타 줄여주는 클럽 피팅
현세용 · 서주석 공저
4×6배판 변형 / 184쪽 / 15,000원

단기간에 싱글이 될 수 있는 **원포인트 레슨**
권용진 · 김준모 지음
4×6배판 변형(올컬러) / 152쪽 / 12,500원

이신 프로의 더 퍼펙트 쇼트 게임
이신 지음
국배판 변형(올컬러) / 248쪽 / 20,000원

인체에 가장 잘 맞는 스킨 골프
박길석 지음
국배판 변형 양장본(올컬러) / 312쪽 / 43,000원

여성실용

결혼준비, 이제 놀이가 된다
김창규 · 김수경 · 김정철 지음
4×6배판 변형(올컬러) / 230쪽 / 13,000원

아동

꿈도둑의 비밀
이소영 지음 / 신국판 / 136쪽 / 7,500원

바리온의 빛나는 돌
이소영 지음 / 신국판 / 144쪽 / 8,000원

참고문헌

송관재외 3인 공저, 『대인관계의 심리』, 학문사, 2002.

정옥분 지음, 『발달심리학』, 학지사, 2004.

김교헌외 2인 공역, 『성격심리학』, 학지사, 2005.

신명희외 3인 공저, 『교육심리학의 이해』, 학지사, 1998.

Greg S Reid, 안진환 옮김, 『10년 후』, 해바라기, 2004.

Martin E. Seligman, 김인자 옮김, 『긍정 심리학』, 물푸레, 2006.

Anthony Robbins, 이우성 역, 『네 안에 잠든 거인을 깨워라』, 씨앗을 뿌리는 사람, 2003.

Curly Martin, 『Life Coaching handbook』, Crown House, 2005.

Robert Dilts, 『Changing Belief Systems with NLP』, Meta publication, Capitola, Ca, 1990.

Matthew Budd and Larry Rothstein, 이상원 옮김, 『말하는대로 이루어진다』, 청림출판, 2001.

Richard Bandler, 이한 옮김, 『꿈의 실현 20분』, 아시아 코치센터, 2009.

모치즈키 도시타카, 『보물지도』, 나라원, 2004.

최인철 지음, 『프레임』, 21세기 북스, 2007.

박진희 지음, 『성공을 코칭하라』, 건강다이제스트사, 2007.

Steven Covey, 김경섭 역, 『성공하는 사람들의 7가지 습관』, 김영사, 2003.

Connirae Andreas, 『Change Your Mind and Keep the Change』, Real People Press, 1987.

Robert Dilts and Deborah Bacon Dilts, Identity Coaching

Vision-Meister Academy, NLP Trainer Certification Course

Napoleon Hill, Think and Grow Rich, Wilshire Book Company, Ca, 1999

셀프 리더십의 긍정적 힘

2011년 1월 5일 제1판 1쇄 발행

지은이/배은경
펴낸이/강선희
펴낸곳/가림출판사

등록/1992. 10. 6. 제4-191호
주소/서울시 광진구 중곡 2동 161-27 경남빌딩 5층
대표전화/458-6451   팩스/458-6450
홈페이지 http://www.galim.co.kr
전자우편 galim@galim.co.kr

값 12,000원

ⓒ 배은경, 2010

ISBN 978 - 89 - 7895 - 353 - 5 13320

가림출판사 · 가림M&B · 가림Let's의 홈페이지(http://www.galim.co.kr)에 들어오시면 가림출판사 · 가림M&B · 가림Let's의 신간도서 및 출간 예정 도서를 포함한 모든 책들을 만나실 수 있습니다.
온라인 서점을 통하여 직접 도서 구입도 하실 수 있으며 가림 홈페이지 내에서전국 대형 서점들의 사이트에 링크하시어 종합 신간 안내 및 각종 도서 정보, 책과 관련된 문화 정보를 받아보실 수 있습니다.
또한 홈페이지 방문시 회원으로 가입하시면 신간 안내 자료를 보내드립니다.